U0118616

# 台灣的灰色年代

鄭欽仁◎著

# 目次

## 【台灣議題】

### ・台灣政治與社會・

# 【國際議題】

### ·中國問題與政權擴張·

・國際戰略與外交・

# 台灣的灰色年代

## 自序

　　台灣是認同台灣的人的台灣，這是天經地義的事情，任何強權都沒有置喙的餘地，這是全人類的公義。

　　民主、自由、人權與法治是台灣人的共識，這四則沒有先後的問題。遺憾的是有些人將自由當做放縱，「祇要我喜歡」而沒有道德倫理的內心約束，成為普通現象。當自由已經侵犯人權、法治的時候，政治人物卻擺出「尊重」的態度以討好群眾；尤其自 2018 年「九合一」的選舉，民粹主義氾濫，各政黨即時操作，造成今日普通的現象—「有立場、沒是非」，而不是服從真理作為道德準則。

　　尤其是國家定位問題。台灣是台灣人的國家，雖有霸權的覬覦，但霸權終究會滅亡，人類的歷史經驗，證明古人所說的「天網恢恢，疏而不漏」；人類確信這是一線曙光，因此不會淪落到虛無。

　　但台灣又面臨法西斯的外來者，在民主化過程中，不能接受落地生根的普通道理，而淪落成「共產主義中國人」，並為其馬前卒。而在全世界起來抗拒戰狼的中國，尤其是自 2018 年以後，他們更與殘害中國大陸各族人民的中國共產黨唱合，沒有對被摧殘的各民族伸出援手；竟然同時看到以

圖博、維吾爾等捧足而虛情的「中華民族」破滅。但可悲的是土生土長的台灣人，喪失求真、服從真理的信念，將「近現代」的政黨政治，當做中國歷史上「朋黨」之爭，隨心選邊站，「有立場、無是非」，而不是在探索真理、服從真理；仍舊淪為「前近代」的「老百姓」，而不是「國民國家」的「國民」。這是當前台灣的怪現象，因此將這時期命名作「台灣的灰色年代」，也作為此冊的書名。

回顧台灣自 1974 年起，初級中學教育列入國民義務教育，即今日所說的「國中」。時至今日，將近五十年。教育的普及不僅於此，滿街都是學士、碩士與博士。但就以今年（2021）12 月 18 日的公民投票為例，主張在地球板塊有裂縫而會衝擊的地方要蓋「核四」發電廠，一意推動的竟然是留學美國、擔任過教授、總統的人。慎度其動機祇是為「政治鬥爭」、抓權力，完全否定科學知識。這樣的人領導民粹，與毛澤東、習近平等只會抓權、不會治國者，同一「行為模式」。這是中國的特色，國人不能不注意！

本書匯集近年的著作，分門別類，尤其重視台灣的國家安全保障。文中有多篇未經發表，如土地轉型正義，或是某個時期對當局的建言或批評者。各篇如「目次」所示，特標明寫作與時間，以便日後關心者可以確定事情或局勢發生之時間。過去筆者在稻鄉出版社已出版五冊時論集，第一本的《生死存亡年代的台灣》是在 1989 年出版。1970 年代初，

我在東京大學進修，對當時國際局勢與在聯合國的變局較多
瞭解，對於當代的人要對所面臨的局勢或多或少有所幫助，
尤其是對年青的世代。故本書各篇仍重視時空背景。本書自
序言即直陳筆者「所信表明」而無忌諱，以示負責！但若比
照余杰先生之著作，書名直示《中國乃敵國也》，顯然遜色！

　　本書之編輯，有勞蔡長廷、林世偉君；尤成於世偉、譙
仔伉儷。封面設計是稻鄉出版社的石舜華小姐；謹此一併致
謝。

作者謹識　2021 年 12 月 13 日

'The history of our country has been assassinated. The KMT tried to obliterate everything that happened before 1945.'

CHENG CHIN-REN
*Radical historian*

MARY BETH CAMP—MATRIX

Newsweek

GOODBYE, GORBACHEV
The Shaky New 'Commonwealth'

TAIWAN

IN SEARCH OF ITSELF

Pre-independence demonstration

1991.12.23

# 【台灣議題】

·台灣政治與社會·

# 背信、毀憲、滅國
## ──2010 年代的台灣權力政治

### 一、六年來還剩幾分國格？

馬英九於 2008 年 5 月 20 日就任總統之日，第一件事是到外交部宣佈「外交休兵」，將中華民國去「國家（化）」，放棄國家主權。（俟後文說明。）馬聲稱「一中各表、九二共識」，實際上很少提到「一中各表」，用此來敷衍「九二共識」之放棄國家主權（國格）。參與辜汪會談的辜振甫在生前已經清楚交代沒有共識這件事，而當時主政的總統李登輝也再三表示所謂「兩岸」沒有共識，但馬政權一口咬定「九二共識」，其企圖是很明顯的。

在馬英九知道要將台灣（中華民國）鎖進「共產中國政治圈」不可能一蹴可幾，先要將台灣鎖入「共產中國經濟圈」。第一步是推動 ECFA，但不顧因此而台灣經濟衰落、失業嚴重，進一步強要推動「服貿協議」，打擊台灣中下階層的生活，目的只在拯救中國大陸中下階層的生計，為他們找出路。但馬的代表赴中國簽「服貿協議」之前，找機會先說「兩岸不是國與國的關係」，顯示馬徹底否定中華民國是一個主權獨立的國家。

　　馬要配合中共政權的集權，馬又復僻到幾十年前的「黨國體制」。馬以黨主席的身分，將權力集中在個人，並且在中國國民黨中劃小圈圈，造成「黨中有黨」，決策籌謀就在這圈內，其他外圍為之背書，這是中國式專制政治的「側近政治」的典型。馬專制的目的，是要徹底執行「傾中政策」，方便未來將台灣編入「共產中國政治圈」。

## 二、中共兩度建國，告別中華民國。又與台灣何干？

　　本文所要討論的是中華民國與中華人民共和國各有各的國家體制，馬要促成中國「掠奪」（美其名曰「統一」）台灣，台灣人民的民主素養有可能接受那種中國的體制？

　　首先比較兩國的憲法，但在比較之前先瞭解中國近代政情。

　　中華民國是 1912 年成立，中國共產黨成立於 1921 年。但 1931 年 11 月中共在江西省瑞安成立「中華蘇維埃共和國」（Chinese Soviet Republic）的「臨時政府」，這是中國共產黨對中國國民黨的獨立，也是中共第一次建國（1931~1937）。

　　由於中共的危機，呼籲一致抗日，1936 年中共提出「連蔣抗日」，中國國民黨接受「容共抗日」，中共取消「蘇維埃共和國」，轉稱「中華民國特區政府」。（中共在中國國民黨政府下屈就，自稱「特區政府」，諒這是後來在港、澳及設計對台灣設立「特區政府」的來源？）

中共的第二次建國，簡單的說是第二次大戰後中國進入內戰，中共勝利，1949年10月1日毛澤東在北京天安門宣佈成立「中華人民共和國」。這是中國共產黨第二次建國。實際上與中華民國形成兩個中國。

但中國國民黨政權卻以「偏安政權」的方式，在台灣以維繫「正統」自居，1971年聯合國大會的第2758號決議案喪失中國正統地位。原來已成立兩個國家，各有各的國號和憲法，卻在馬政權「一中原則」下，蔑視修憲後放棄中國大陸的主權之實際情況，延續中國的「內戰體制」，使台灣人民不時受到中國的武力侵略威脅。馬英九仍不惜背叛中華民國，要實現習近平的「中國夢」，但在民主主義之下，台灣人能接受中國體制？現就以憲法作為說明。

## 三、中國憲法明定中國是中國共產黨的國家，馬政權追求什麼「統一」？

首先看「中華人民共和國憲法」的「序言」：

> 中國各族人民將繼續在中國共產黨領導下，在馬克思列寧主義、毛澤東思想指引下，堅持人民民主專政，堅持社會主義道路，不斷完善社會主義的各項制度，……

為了節省篇幅引文從略，對於所謂（一）馬克思列寧主義、（二）毛澤東思想、（三）人民民主專制及其他，都是基於共產主義、獨裁的落伍思想，還包括個人崇拜的專制主義思想之毛澤

東主義在內。這和台灣人追求的自由、民主、人權、法制等人類的普世價值不但背道而馳，而且互不能容忍。

去年（2013）4月，「中共中央辦公廳」印發「關於當前意識形態領域情況的通報」的通知（「中辦發『2013』9號」，或稱作「2013年全國宣傳部長會議紀要」），就全面否定新聞自由、民主憲政觀念與普世價值等，計有七項，通稱「七不講」或「七不准講」，礙於篇幅在此省略。但若台灣被這樣的國家支配，不就是淪為中國共產黨的奴隸？！台灣的政治文化將倒退到十九世紀。

不僅如此，在中國，只有中國共產黨可以執政，故憲法明白規定「中國各族人民將繼續在中國共產黨領導下」，至於所謂政治協商會議（政協）或人民代表大會（人大）祇不過是橡皮圖章而已。目前台灣人民已經「修憲」，摒棄馬英九專制思維的「委任直選」，直接選舉總統，界定國家領域不可能接受馬英九出賣台灣的計算。

## 四、違憲！叛國！

中國的憲法已如所述，台灣的中華民國憲法第一條，對國策清楚的記載：「中華民國基於三民主義，為民有、民治、民享之民主共和國。」

共和是國體，民主是政體，大家都知道「民有、民治、民享」是出自美國林肯總統的「蓋提斯堡演說」，是指政府應是屬於人民的政府，由人民管理，一切為人民的政府。人民委託管理，但

並不是屬於某人、某集團、某政黨獨裁的政府。馬英九無權主張
台灣被中國掠奪與兼併的所謂「統一」。何況如上所述，憲法明
白顯示中華民國與中華人民共和國是不同的國家；嚴格說來，後
者原本不是中國人民的國家，而是中國共產黨的國家，其憲法記
載特意突顯惟有中國共產黨可以執政。所謂「人民解放軍」，中
共的將領明白宣稱是中國共產黨的軍隊（黨軍），不是國家的軍
隊（國軍）。

馬若一昧主張「統一」，即接受中華人民共和國的憲政以下
的一切體制，對於一個中華民國的總統來說，不但違憲，是叛國。
在馬當政四年多之「傾中政策」，中華民國已瀕臨滅亡。

## 五、執政者信誓旦旦的承諾，隨即背信，無告之民奈何？

2008年3月22日選舉投票日之前的3月14日，馬英九以「中
國國民黨」的名義在「中國時報」刊登半頁的廣告，用巨大字題，
以「堅決主張台灣的前途必須由台灣人民自己決定」作為標題，
副標題是「捍衛中華民國主權　堅決反對『反分裂國家法』」。

其中的內容筆者再摘錄數句，以便台灣人民檢驗馬政權是否
對人民背信：

> 「中華民國是個主權獨立國家，台灣人民已具體實現民主
> 政治、當家做主」。

「我們嚴正地聲明：有關台灣未來的前途與發展，必須台灣人民說了才算，必須由台灣人民自己決定！」

另又重複以上的內容：

「（一）堅持捍衛中華民國的主權、台灣的尊嚴與主體性！」

「（二）堅決主張台灣的前途必須由台灣人民自己決定！」

對於中國則說：

我們要再一次鄭重聲明，關於兩岸：我們勇敢、務實而堅定堅決反對『反分裂國家法』，及其他一切傷害台灣人民感情的作為！

讀者可以對以上的內容、字字句句予以斟酌，檢驗他的真實，看是否對人民背信。要之，如上文第一節劈頭所指出的馬英九之中國政策，在此以馬之競選承諾加以檢視，顯然是欺騙與背信。從第二、三節由兩國憲法各有不同的國體與互不隸屬（包括領土）看來，要搞「統一」是叛國與出賣台灣人民。

馬在國會豢養一些御用立委控制立法，司法則用來清算異己及袒護其集團的不法，監察也是黨同伐異，如同虛設，此三院（立法院、司法院、監察院）已淪為行政院以下的部、會。教育則用來斲喪台灣人歷史的根，顯露外來殖民地統治的猙獰面孔。

一方面則官僚權貴遊走「兩岸」不顧國家安全，兩岸官僚資

產階級串聯，剝削台灣人民大眾。加上四年來經濟鎖進中國，造成民生凋敝、路有餓殍。

人民沒有前景與尊嚴，每季都有自殺者，馬從不撫卹與過問。

無告之民處處皆是。人民最後擁有的僅僅是自決權與革命權。這是人類拯救自己的普世價值。但看人民自覺到什麼程度。

## 【參考論文】

1、 外交與國家主權關係

參考鄭欽仁，〈外交休兵對台灣國家主權的影響〉，《台灣安保通訊》，第 11 期，台北：社團法人台灣安保協會，2009 年 8 月 15 日。

2、 一中各表、九二共識

參考鄭欽仁，〈台灣的國家定位問題─「一中原則」、「一中各表」和「九二共識」〉，《現代學術研究專刊 16─當前台灣問題與活路》，台北：財團法人現代學術研究基金會，2008 年 12 月。

3、 台灣編入「中國大陸經濟圈」之教訓

參考鄭欽仁，〈台灣現代意識的問題─歷史情結與現實的糾葛〉，《台灣文藝》第 106 期，1987 年 7、8 月，收入《台灣國家論》，台北：前衛出版社，2009 年 3 月初版，頁 111~127。

4、 關於中國共產黨的兩次建國與國號

參考鄭欽仁，〈誰是叛亂團體，誰是合法國家？—近代國家論的一章〉，《共和國》，10，1999 年 10 月。本文收入《台灣國家論》，頁 334~342。

5、 民有、民治、民享

此出於美國第十六任總統（1861-1865 年）林肯（Abraham Lincoln）在蓋堤斯堡演說（The Gettysburg Address）："that this nation, under God, shall have a new birth of freedom — and that government of the people, by the people, for the people, shall not perish from the earth."根據余玉照的翻譯：「務使我們的國家，在上帝的庇祐之下，獲得自由的新生—並願民有、民治、民享的政府將永存於世。」見《高級英文文摘》創刊號，2002 年 5 月 15 日出版。筆者在此不怕麻煩的引述，是要提醒國人，政府應是民有、民治、民享的政府，不允獨霸，侵害國民主權。

（本文撰寫於 2014 年 5 月；刊載於《民報》電子報，2014 年 6 月 5 日。）

# 沒有能以倫理道德訴求的總統
## ──國家與社會的危機

### 一、沒有取得政權的「正當性」之總統

2008 年 3 月 20 日的大選，馬英九當選總統。5 月 20 日就任之前的 4 月 24 日，最高法院駁回檢察方面的上訴，判決馬在市長任內挪用「市長特別費」無罪。

事情的經過是這樣的：馬英九在 2007 年 2 月將台北市長任內（1998~2006 年）的「特別費」直接匯入自己的口座，以公款為私的嫌疑被起訴。事經 2007 年 8 月一審、12 月二審，都判決無罪。但三審不能曲解法律，如果判決有罪則有十年徒刑，馬即時喪失擔任總統的資格。三審的最高法院判決，費了一番苦心，助馬當上總統。

但是這判決，是將罪狀嫁禍別人。最高法院駁回一、二審之將特別費當作實質的補貼，判定必須用在公務的支出。

但是這罪狀不能、也不敢要馬英九承擔，祇好判決當時的台

北市長秘書室的秘書余文，以他人的收據支出，偽造文書罪，判一年徒刑，發監執行。（余文服刑後，獲得報償。）很顯然的余文是代罪羔羊；最高法院已經不能如一、二審將刑責視若無睹，故以余文頂罪；這使人想起漢帝國時不能判決太子有罪，找一個來頂替。古今刑法竟然如出一轍，不能不驚嘆「中國文化」繼承有人。

## 二、黨國政權的「復僻」工程，早在馬即位之前已佈局完成

但這個案件不衹是刑法上自古以來的「網漏大魚」，實質上陳水扁的八年執政並沒有真正的「轉型正義」，國民黨潛伏的勢力旋即浮現與復僻，如吳伯雄在馬即位後的 5 月 27 日到南京中山陵向他們的主人報告已經奪回政權。

中國國民黨的外來政權在台灣專制統治超過一甲子，政權早已「私有化」了，此時黨國體制的復僻，使他們相信從今以後不會再有政黨輪替，也因為這樣的心態，自 2008 年以致於今，從中央到地方貪污腐敗，官商勾結，強佔人民土地等等，竟然毫不隱晦，流毒天下。

## 三、永久執政，全面腐敗

### （一）

自 2008 年馬英九執政之後，中國國民黨的黨、政官僚相信從此之後可以永久獨攬政權；2012 年馬連任，喊出「完全執政」的口號，更加囂張。

馬不但當總統，又兼黨主席，如虎添翼，故黨政一條鞭可以操控在國會本已佔多數的立法委員。加上有龐大的黨產可以控制黨員的選舉，故如吳育昇之流並不把民意放在眼裡，黨意第一，「馬首是瞻」。

馬不但控制黨、政、軍，監察委員的提名與表決也在其遙控之下。另外，司法與檢察在這六年也多專事配合辦案；包庇貪腐，人人側目而無奈。

馬自當選後，從來沒有像各國之執政者憂慮因大選的「後遺症」帶來國民意識的分裂而再三呼籲團結，反而開始整肅綠色的政黨與社會團體，甚至無關意識的社團、基金會與企業等等，以檢察逃漏稅等名目加以調查；刻意造成藍綠對立的意識形態，以利掌控全局。

### （二）

其次，馬的所謂「完全執政」是背叛民主政治的原理。「政

黨政治」不應在國會挾其多數而不顧人民利益幹出「多數暴力」；做為一個國會議員也不應該只有「黨意」而無個人意志與良知判斷。黨與行政部門更不應挾持國會議長聽其指揮，目前所看到的 ECFA 與服貿爭議就是例子，這是違反三權分立的原則。總之，不能以「完全執政」之名行獨裁之實，違背民主政治。

馬英九刻意造成國人的藍綠對立，使少數的新黨和親民黨被馬政權強調的藍營意識形態所壟罩而變成傀儡政黨。一個小黨沒有明確的宗旨與絕對大黨「癒著」在一起，將永遠抬不起頭。尤其嚴重的是對中國的政策（所謂「大陸政策」）；如不附隨，好像背叛了中國。小黨的意識形態，無形中助長「完全執政」的霸道，同時也決定小黨成為「永遠是小黨」的命運。

## （三）

馬的「完全執政」在政治上的弊害已如上述，在社會上對人民的剝削更是嚴重。各級政府和豪強劣商掠奪人民，例如徵用私人土地作道路而不賠償、變更地目徵收以及都更計畫的圖利，比比皆是。

國民黨的官僚「做官發財，做大官發大財」，經過兩代人便自詡為貴族；遊走兩岸是政客同時也是劣商，藉著中國共產黨的勢力回過頭來壓迫台灣，公然主張「聯共制台」（2005 年連戰公然的主張）。這只不過是其中的一例。

　　馬政權的「傾中政策」，造成台灣經濟與社會的蕭條與不安，也引起亞洲國家的憂慮。自 2008 年以來國人要求召開「國是會議」，竟然視若無覩。豪強劣商攀附馬政權有恃無恐，如今的餿油案毒害全民，便是一例。官與商的共犯結構，「完全執政」帶來全面腐敗，也毀了台灣社會良好的倫理道德秩序，動搖國本！

## 四、陷人民於溝壑，看不到肉食者的倫理道德

　　馬英九在市長任內的「特別費」案無正當性與正義性，竟然能以此之身就任總統職位。自 2008 年傾中政策以來民生凋蔽，因經濟困頓而自殺者有之；因看到國家沒有前途而自殺者也有之，皆刊載報章雜誌。一個研究所的女生因繳不起學費而賣自己的巢卵；一個留學歸來的女博士生活無著落，只好捨身作藥物試驗。衣、食、住、行無著落者處處可見，也有因生活逼迫、挺而走險為盜；也有因嬰兒無奶粉不得不冒險偷竊的母親，這樣令人哀痛的事情層出不窮。他們都是台灣共同體的成員，哀矜勿喜！馬視若無覩，何曾說一句如何救濟的話？何曾說一句安定民心的話？何曾因傾中經濟失策而導致沉淪說一句抱歉？

　　昔日陳水扁與呂秀蓮就任正、副總統，旋即減薪以省國庫；馬之富貴，何曾捐助一毛錢？

　　馬家的倫理令人嘆為觀止！做為第一家庭，喪母時不見靈堂，弔唁者只能在火葬前的擺設行禮。馬家沒有發訃聞可以理

解，但有弔唁者逕行弔祭反而引起媒體與各界撻伐。沒有收到訃聞而往弔唁本是傳統鄉里社會的常情，何以為怪？

更不可思議的是馬家的姊姊由美國回來奔喪，竟然以參加幫會發起的反「太陽花運動」為優先。誰不知這黑道分子是國民黨派遣謀殺異己的元兇。國民黨執行「國家恐怖主義」沒有向國人道歉而馬家與之掛勾，難道不是以黑道治國？更何況這黑道分子是蓄意幫中國共產黨政權侵略台灣的，而該專制政權目前正在摧殘中國人的民主與人權。

話說回來，台灣這個國家由馬這樣的第一家庭領導，看不到倫理道德，是目前國家與社會面臨的最大危機。

（本文撰寫於 2014 年 11 月 4 日；刊載於《民報》電子報，2014年 11 月 7 日。）

# 誰是被貼上「藍色」標籤的「投票部隊」？

*諸葛亮與關羽為什麼不向擁有漢天子為「正統」的曹操投降，而扶助劉備獨立建國？為什麼事經一千八百多年，還會有人為諸葛孔明與武聖關羽立廟？*

## 族群意識撕裂「近代社會」

台灣有一奇怪的說法，說是有四大族群。從「反共抗俄」時代到對中國開放以來，有中國大量的移民及其他國家來的移民合在一起被稱作「新住民」。據陸委會的說法，台灣與中國的人結婚有 30 萬；但海協會的估計，據說不只此數目。這些「新住民」究竟有多少，當政者說不清楚，但被說是「族群」，成為「五大族群」。移民不論前後，常發生「文化摩擦」造成社會問題。尤其在意識上輕蔑本土，更是問題。「族群」這個詞彙是否適當，在此無暇多論，但至少是困惑的名稱；強調「族」而與「近代社會」以個人為主體的概念之矛盾，也是值得省思的。

## 分化國民為藍、綠，是出自黨國意識

但是「族群」之外，為了政治目的，又將國民強分為藍、綠

兩陣營。任何國家在大選之後,怕國內的分裂,當政者莫不以大的胸襟呼籲國民的團結、撫平創傷,唯有 2008 年馬英九當選總統,立即整肅異己。迄至目前,11 月 29 日九合一的選舉迫在眉睫,中國國民黨眼見台北市、台中市的市長選舉大勢已去,特意激起藍、綠的對立以鞏固選票,黨、政高層明目張膽對這一點毫不避諱,不在意國家與社會的分裂,甚至「聯共制台」。

## 藍營的內涵是什麼?郝將軍「打著藍旗反藍旗」

自馬英九以下所有的組織都被動員掀起「藍營」大團結的運動。但被歸類為「藍」者,到底是什麼樣的人?是外省族群?但其中有本土出身者;是主張被中國「吞併」者,但又有拒絕被專制統治、甚至預備逃亡。藍的定義並不清楚,莫非是利益共同的聚合?

郝柏村在 11 月 12 日公然呼籲要以中華民國跟台獨對決;但郝要的中華民國是無國家主權的國家。郝過去口口聲聲要統一,奔走兩岸,是要誰「統一」誰?郝應該是心知肚明,只是講不出口,「打著藍旗反藍旗」。

## 貼上「藍色」標籤的「投票部隊」

中國國民黨政權由中國大陸移殖台灣已經很久,照理應該早已「本土化」。從中國大陸來台,佔據所有權位,心智是「外來的」,以區隔代替融合,算不上為子孫著想。

自 1945 年至今已有 70 年；有的人子孫已有四、五代人，風土、生活習慣都已在台灣本土，安居樂業、安土重遷，有多少人像權貴們有綠卡或外國護照？權貴們煽動反台獨作為長久攫取政權利益的手段，一但失去權勢或中共來侵，不時可以飛往外國。這些權貴有為從中國播遷來的大多數人著想嗎？大多數人被灌上「族群」意識，成為權貴們維護自己利益的「投票部隊」；如盧梭所說的：「人民只有在選舉那天才是主權者」，權貴們或許給一點小利，但在無形中被權貴們剝削用完了即丟，這是數十年來所看到的現象。

## 以中國歷史做借鏡，在意識上「土斷」為安

做為一個國家的領導者和他的政黨，應為維護國家的主權與安定著想是當然的。中國歷史有可以鑑往知來的地方。

東晉南朝因為戰亂，一波一波由北方逃難到南方的庶民，這些人的臨時戶籍用白紙寫的稱作「白籍」，當時的王朝政府厲行「土斷政策」，以居住地作為永久戶籍所在，如同當地人以黃紙寫的戶籍，稱作「黃籍」；這不僅是戶籍制度的改革，也作了賦稅改革，健全財政，使人民安土定居成為南方人。

但國民黨的當權者，從「反共抗俄」到目前配合中共的「和平統一」，在這樣的口號之下能一輩子安定嗎？口號是有利當權者奪取政權，但一般人被稱作「投票部隊」在駕馭，成為藍營的

「族群」，喪失民主政治下個人的選擇權。在「被統一」的意識形態的籠罩下，不敢翻身，彷彿有什麼民族大義存在，沒有個人的自覺，一生被政客操弄。話說回來，中國歷史的借鑑是有助於個人的思考而拋棄被意識形態愚弄的包袱。在意識上「土斷」為安。

## 主張被「統一」，成為維護中華民國的藉口

不久之前許歷農等人赴北京朝見習近平，傳達習對台的「一國兩制」。大家都知道許歷農是軍中的政戰系統，身為上將。在昔日反共的時代，軍人講話一不小心，便會遭殃；若是被冤枉為匪諜更不得了，不知多少人冤死在其下。但今日這些將軍們以黃埔之名與「人民解放軍」哥倆好；難道這是忠於中華民國？是軍人的忠誠與武德（軍人魂）？

他們口口聲聲反「台獨」，就以當時反陳水扁來說，陳水扁比馬英九更維護中華民國。國家的四個要素之一的「主權」，依照「美洲國家關於國家權利與義務公約」的國際法對主權的詮釋是「與其他國家締結關係的能力」。以此來看，陳水扁努力拓展外交而處處受中共的阻擾，而馬英九以「外交休兵」放棄國家主權。

中共已經與中華民國有正式邦交的國家暗度陳倉；在馬「外交休兵」毫無建樹下中共伺機使整個中華民國的外交崩盤；只要

搞掉二、三個國家，便足以動搖國本、危害民生。話說回來，主張「統一」不能使本地人或戰後來台的世代安堵下來；難道要依舊懷著流亡心態或準備逃亡？

## 被「統一」在哪種處境之下？

國民黨主張「統一」，是要誰來統一？國民黨有能力統一中國，還是引狼入室由中國共產黨侵佔台灣？答案是不說自明的，即引進中國侵略台灣。

自毛澤東以來，經鄧小平、江澤民、胡錦濤到目前的習近平，中國內部的鬥爭沒有一天平息。習近平對中國人民的統治更加嚴厲。舉例來說，2013 年 5 月對各地的大學通令「七不准講」。大學不能講以下的內容，即（一）不能講人權等「普世價值」，要講「中國的價值」。（二）不能講「報導的自由」，可講「黨的媒體管理」。（三）不能講「公民（自治）社會」，要講「社會的管理」。（四）不能講「公民的權利」，可講「調和社會」。（五）不能講「（毛澤東等）黨的歷史錯誤」，只能講高舉毛澤東、鄧小平的旗幟。（六）不能批判「特權資產階級」，但是要講「中國夢」。（七）不能講「司法獨立」，可以說交給「黨政法委員會」。

根據以上的標準，如果有一天統治台灣，2,300 萬人可以忍受不能有自由、民主、人權、法治等「普世價值」？

再從憲法的觀察，各有自己的憲法不相統屬。中華人民共和

國的憲法序言規定：「中國各族人民將繼續在中國共產黨領導下，在馬克思列寧主義、毛澤東思想指引下，堅持人民民主專政」云云；但中華民國憲法第一條標明政體與國體是「民有、民治、民享之民主共和國。」所以主張被中國共產黨「統一」是違憲叛國。

又如上文所引中國憲法規定「在中國共產黨領導下」，即只有共產黨可掌權，但我們的憲法第二條明示「中華民國之主權屬於國民全體」，即台灣這個國家是屬於人民的；人民是主人，可以當家作主，當然也可以有自決權。話說回來，主張被中共統一，無疑是違憲叛國。

## 要活得有尊嚴纔有價值

我們的國家是民主共和體制的國家。在「近代國家」的體制下，每個個人要自覺是國家的國民，是「個人與國家的關係」，不是屬於某個勢力範圍而被標籤作某種顏色集團的人，更不應該被控制而成為其投票部隊。

政客們遊走兩岸，謀取權位或財富而墮落，甚至他們的第二代為敵國權貴的乾兒女，都不是我們想像得到的。這也是我們的倫理道德的價值觀所唾棄的。我們必須堅持我們的價值觀。

我們更應該覺悟；我們被迫而不能生存時，我們有權行使不可剝奪的自決權，保衛應有的普世價值和民主共和體制。拋棄加

諸於我人身上的前近代意識和過去，甚至是過時的精神上之包袱。

（本文撰寫於 2014 年 11 月 16 日；刊載於《民報》電子報，2014 年 11 月 19 日。）

# 珍貴的訪問與舶來的禁忌

## 緣起

台北市長柯文哲就職纔一個月，英國交通部長克拉瑪（Baroness Kramer）爵士一行來訪，贈送市長以懷錶。市長受媒體的訊問，會不會對鐘錶有所禁忌。對於回答從來不會躊躇的市長，竟然開玩笑的說當做「破銅爛鐵」還可以賣錢。此事已引起非議，而柯市長亦知失言。然而我要說的，「鐘錶」與「懷錶」之稱就沒有文字上的魔術。

談禁忌之前，我們看到克拉瑪爵士在當天的 1 月 26 日下午已經有明快的聲明；表示每天都學到新的事務，錶在英國是貴重的，因為沒有事務比時間重要。該錶是上議院議員身分才可取得的，不知道一件正面的禮物會有另一種看法出現云云。這一份聲明，《民報》的網頁將原文（英文）刊出，提供讀者瞭解用字斟酌的情形，這對研究者（包括外交事務）來說是很重要的。

再者，英方很快的處理，想必認為這是不同文化出現的禁忌（taboo）問題，也是文化「相對性」的問題，雖有歉意但在文字

上沒有抱歉字眼，也是高明之處，終於避免文化摩擦以及延伸到外交摩擦。

## 舶來的禁忌

依我的記憶，台灣在日治時代對於「四」字是沒有禁忌的問題。有人結婚時包「紅包」常有「四」字出頭，四，即雙雙、倆倆的成對，應是好事。雖然是 70 年前之事，但我記憶猶新。

「四」字成為禁忌，應是「被光復」（再被殖民）之後由中國傳來的。

1968 年到 1973 年我在東京，當時東京的「第一旅館」第三樓之上就是標示五樓，沒有四樓的字樣，但實際上是存在的。住五樓者，實際是四樓，不是也很阿 Q 嗎？

當時台灣還沒有開放觀光，而以「四」為忌，諒是香港人的影響。

由此看來，禁忌是可以「傳染」到其他社會；換一句話說也是「舶來貨」，最後還會在那社會「內化」了。

## 鐘錶無忌的社會

漢字的使用，因單音構造而不能以單個字來說項，故須再配以其他的文字。例如上文所指的鐘、錶，若是用「時鐘」、「懷錶」之複詞敘述，讀來順暢。

柯文哲受贈錶，記者問對「鐘錶」是否忌諱，以他的個性從來不停頓思索，就被「誘導」出負面的對答。若記者用「懷錶」二字，對他的誘發或不至於出現「負面」的結果，這是次要的問題。政治人物是要小心被「誘導」的。

但我要說的是：台灣古早時候贈送鐘錶的問題，是否如今日的忌諱？從結論先說，這忌諱是戰後的舶來貨。

昔日鐘、錶是名貴東西。有女出閣，以鐘做嫁妝或添妝（即親友餽贈）也都有的，台語的鐘之讀音，並非「終」之諧音，「送鐘」不會成為「送終」。如今台灣固有文化被歧視與邊緣化，所以有柯文哲現象的出現，但這不只是他一個人，問話的記者不也是一樣？！

其次提到手錶與鐘錶的問題。這兩者在嫁妝或訂婚時常用。女方在訂婚時送給男方 12 項禮物，從西裝、革履到手錶或懷錶等等，男方贈手飾等之外，有時也有名錶。這些都是小時候見聞過來的。當然，在以往的台灣這不成為禁忌的問題。

昔日鐘錶是名貴的，種類繁多，由西洋轉入者應不在少數，普通人家有幾樣西洋的東西並不少見。戰後文物多毀，也無補充來源，1960 年代末在日本看到西洋的鐘錶，不免有思古之幽情，但台灣要再等 2、30 年後纔漸輸入。這樣的時代斷層，如何使年輕人感受到歷史文化的傳承問題，只有寄望有心的年輕人。

如果今天台灣人恪守自己的文化傳承，今天也就不會發生文化摩擦或外交摩擦，所幸英國的克拉瑪爵士的豁達處理，希望從此開拓台、英外交的新頁。

## 禁忌的魔咒與文字魔術

從上文我們看到禁忌是可以傳染、移植的，它在文化人類學上是一重要的課題。文字的禁忌像魔咒一樣，束縛我們的思想概念與行為模式。

第二次大戰結束之後台灣旋即淪入專制獨裁的統治而不能像其他的民族獲得解放，法西斯的獨裁政權到處張揚的標語是：主義、領袖、國家、責任、榮譽；而不是自由、民主、人權、平等、法治。效忠個人，用集團的黨控制的「黨國」體制，剝奪人身自由，國家成為個人、黨的私有物。用愛國等辭彙煽動人民（尤其是對青年人）血氣沸騰、赴湯蹈火，做為他們的砲灰。這種遺孽至今在台灣還存在，蔣介石的幽靈不時在某些人的「心造」中作祟，呼喚他們起來。洗腦、灌輸的「統一」幽靈竟然能與毛澤東主義、共產主義結合在一起，成為「國共合作」。「統一」的字眼在「語意學」上是「文字魔術」。

第二次大戰因法西斯的煽動，有語意學（Semantics）的興起。1955 年東海大學建校，當時各大學的「哲學概論」是必修課。張佛泉在這課程中不教邏輯而教語言學，還舉了似是而非的現實政

治之慣用語言加以分析，破除文字的魔咒，意在建立民主政治。張教授在當時的《自由中國》雜誌為文介紹語意學；我希望有心人能將之廣為傳閱，以期塑造合理、理性的社會，我們常看到有權有勢的政客常「語無倫次」的利用大眾傳播，強說他的歪理；不是同類的事物不能用來比較是常識，故其破格的用語常被粗話形容「X 鳥比雞腿」，以批評其不倫不類的比喻。當然，其言不雅馴。

話說到這哩，不要忘記「禁忌」也是語言魔術的一部份，它往往在腦中建立困擾的概念，而人成為概念的奴隸而帶來生活的困擾。既然禁忌看作文化人類學的課題，筆者對這「課題」並不忽視。但鐘錶不是如媒體所說的是「台灣傳統習俗」的禁忌，也不是台北市政府所認為的台灣社會「傳統」而發生的「文化差異」，而是我們本身失掉什麼？──是良俗？是傳統？是與現代國際社會接軌？讓每個台灣人自己深加思索、填補內容。但畢竟因失掉什麼而在二十一世紀的台灣發生贈錶事件。

（本文撰寫於 2015 年 1 月 28 日；刊載於《民報》電子報，2015 年 1 月 29 日。）

# 立院的「兩岸」傀儡戲

不管是國民黨還是民進黨的立法委員在立法院窩久了，自然成為「老大」。老大太多，形塑立法院的「醬缸文化」。這都是人為因素。醬缸文化一旦形成，談國會改革、國是改革何其容易！

目前導進新人，有新思維何其重要！以生態作比喻，一群猴子要吃東西時都要在河中洗一洗，首先能「冒險」的是年輕的猴子。以後群猴效法，成為「慣習」。人也是一樣。

有初步民主政治的社會，民代常如官僚。官僚常有的習氣是多一事不如少一事。一旦遇到必要與對方交涉時為避免摩擦，往往犧牲群體（國家）利益，成就他的「方便」。尤其是外來政權變為「偏安政權」，怕得罪敵人，不怕得罪國人，不但將尊重民主的「政體」改變，連「國體」也自動乖乖的改變。

目前立法院設制，就是站在偏安政權的角度、而不是站在代表公民社會為全體人民利益的角度在為國家設制；因此，台灣對中國的「協議監督條例」法制化問題便去「國家化」而以「兩岸」模式定位為中國內部（內政）問題，掉入國共內戰漩渦。如此則嚴重阻擾將來不管是修憲或制憲的主體定位。這也是說，起步何

其重要。

（本文刊載於《自由時報》，2016 年 3 月 4 日。）

# 大選有民主！選後有尊嚴？

*問題不只在蔡英文的當選，而是人民循民主法則在全世界注目下贏得之尊嚴，在大選後是否能夠保固，而不致於屈從於列強，帶給人民終生抹不掉的恥辱。*

1996 年台灣人要求直選總統，當時的馬英九竟然發明所謂「委任直選」。李登輝接受民意而當選由人民直選的總統，在法制上成為名正言順的總統。

旅日作家東山彰良（Higasiyama akira）回顧當時的情形說：台灣人以民意決定要選自己的元首，對標榜「一個中國」的中華人民共和國來說是不容忽視的嚴重問題。中國共產黨認為一國之中有共產黨以外的權威存在的話，不喜歡共產黨統治的少數民族的民族意識會升高，台灣持續的獨立運動說不定會發生。要使這個局勢不致於發生，堅決要阻止台灣的總統選舉，不辭使用武力。我們台灣人也想到這一點。當時中國藉口軍事演習向台灣海峽發射飛彈，美國航空母艦駛向台海。因中國的威脅，股票暴跌，有的逃到海外。

　　但是選舉結束，李登輝就任台灣首任民選總統。中國沒能攻擊，台灣人安了。中國學會只有選舉，不能動武。

　　以上是東山描寫 1996 年大選的情形。接著描寫 2000 年陳水扁的選舉以及此次 2016 年的大選。對 2000 年的選舉，中國不能阻止選舉，但要設法阻止獨立，所以發表《台灣白皮書》作為牽制。對於陳水扁的勝選，東山認為是「中華世界第一次和平的政權交代」。至於此次選舉，外省第二代出身的東山，肯定這一次選舉是「認同台灣」的選舉。中國又面臨一次教訓，台灣人也進一步學到如何對付威脅。總之，東山對中國的觀察有獨到之處。

　　中國對台灣不斷的威脅，到了二十一世紀還學不會「近代國家」體制之尊重別人的主權。台灣本來就不是中國的一部分，中共和歷史上的王朝帝國一樣自以為在統治「天下」（全世界），在其腦海中一直自我催眠台灣是中國的一部分，積年累月向其人民、甚至全世界灌輸這個觀念，而將台灣列入其「核心利益」。

　　中共指台灣、西藏、維吾爾地域以及南海都是其「核心利益」。中共原本就知道這不是他們的領域，所以從收復「故土」變為「利益」所在的掠奪對象，故改口向全世界說這是他們的「核心利益」。整個中國對問題的認識被教育成這樣，自自然然會走向帝國主義。但還是十九、二十世紀以掠奪土地為主的舊式帝國主義。

話說回來，台灣人要堅持民主主義之主權在民原則（自決權），積極純化民主主義，加強自由、人權、法制等普世價值（這是習近平列入「七不講」所否定的），尤其如這一次能有自尊的「自我認同」的選舉，豎起獨立自主旗幟，獲得民主主義國家群的肯定。

但台灣不能只在選舉期間才有民主。過去的經驗，選後新的執政團隊和代議士便走向保守，因襲過去的「因循」政治，一面看敵國的臉色、一面在「搞」政治而不敢有絲毫的突破；如此不但會如 2012 年大選結果使台灣人在國際上被奚落，也會使民主主義國家群在對抗東亞新霸權崛起給予平等地位之際，感到失望。一旦如此，終究不能順應新時代的潮流而邁前一步。

## 【附錄】

### 文中提到的人物與著作

　　東山彰良，〈台湾総統選と母国の未來〉，刊載《文藝春秋》2016 年 3 月號。作者是直木賞的受賞者，1968 年出生，外省第二代，五歲時離開台灣，因此不會說台語。回國參加 2016 年 1 月 16 日的大選投票。全文站在一般大眾的立場，介紹自 1996 年以來參與大選的心路歷程，即受到外來強權的威脅與選後的喜悅、以及恢復日常生活的自在。作者也分析蔡英文勝選的原因。作者觀察選舉活動，事後腦中不斷浮現「台灣獨立」的旗幟和年青人的 T 恤寫著「說台灣話」的印象。

（本文撰寫於 2016 年 3 月 10 日；刊載於《民報》電子報，2016 年 3 月 18 日。）

# 建立地方自治體下的均質民主社會

　　各政黨在各地區參與各種選舉時，對於在該地區是否能勝選的評估，莫不以候選人的魅力、資質與地方的情勢綜合考量。

　　在這裡所說的地方情勢，包括家族的力量或是黑社會勢力是否存在、貧富與賄選風氣之有無、政黨認同的趨勢（甚至包括對國家認同因素）以及其他地區所沒有的特殊因素等等，不一而足，綜合起來考慮選務，但不出於「黨利黨略」。

　　問題是將來的國家元首為國家的正常化與長治久安著想，是不是應該考慮延攬專家組成團隊，對各地區加以巡視、研究，包括地方的歷史文化、風俗人情、地區發展（包括城鄉差距）與教育普及程度等等，特別用心在各年齡層對民主政治是否有基本認識，而以針對性的措施在社會教育上造成氣氛，以期造就「現代性的公民」。當然，這不能不鄭重的當作一回事，用心去建制。

　　所以有這樣的提議是自 2008 年以來的八年間，顯然在某一些地區是受到中國國民黨的中央與地方勢力的嚴控（例如苗栗的事故），即使這些勢力違法亂紀仍舊能夠掌權。

而在另外地區如離島似乎仍舊在軍方的控制下，沒有脫離中國國民黨的黨、政、軍勢力的控制。

原因是自 2008 年以來該黨再執政，自信在其嚴控下不可能再有政黨輪替，而造成明目張膽的結構性貪腐。如此情況下，更談不上台、澎、金、馬等各地區有均質的「近代政治」與「近代社會」。

總之，基於以上之說明，新國家元首與執政團隊更應該重視全世界特別亮眼台灣在亞洲民主運動崛起之成就與影響，故應該認真思考如何從學校教育與社會教育深化民主政治，負起地方自治體之最基本單位開始改造，以提升台灣的政治社會。

（本文撰寫於 2016 年 4 月 15 日；刊載於《民報》電子報，2016 年 4 月 15 日。）

# 誤以為「八百壯士」為「年改」領軍

2月21日《自由時報》A2版以大字標題刊出〈八百壯士反年改 月領逾10萬退將領軍〉。乍看之下以為是「為國捐軀成仁的八百壯士」，原來是一批豎子自詡「八百壯士捍衛權益行動」。

如果是壯士，自古以來「壯士斷腕」為國家與社會犧牲，如今至少應為民生、社會、國家擔憂，為下一代（至少也為他們自己的子孫）釋出一點蠅頭微利，竟然還當作「權益」捍衛。

許多將領肩上的星星不是多建立在兵士的犧牲上得來，有幾人曾如日俄戰爭戰勝的將軍以子弟兵之犧牲感到慚愧？這一位將軍與夫人在皇宮前切腹自盡；高尚的武士精神暨武德，是軍人魂。

我們不期待這「八百壯士」有如此壯舉能「壯士斷腕」，但也應自己反省反省。將軍們有很多是「轉進」與「訓練營」有功，但目前在實踐「國軍共軍都是中國軍」。蔣介石養兵千日，堅信「漢賊不兩立」，豈曾料到他的子弟兵的將軍們，已經「進化」到「國共一家親，共同顛覆台灣」為眾志！

（本文撰寫於 2017 年 2 月 21 日；刊載於《民報》電子報，2017
年 6 月 19 日）

# 面對當前的國家

一個喪失本土的政權，逃亡到一個被它佔據的海島（歷史上稱作偏安），實施它的殖民地統治（偏安政權），還要在那島嶼上張羅它的旗號。

經過 70 年漫長歲月的民主化，但被人民擁立的政權背叛民意，堅持以 70 年前已存在且沒有民意基礎的已經亡國之政策，為那已滅亡的「偏安餘孽」守靈。這就是當前台灣人面對的。

我等台灣人應要求承諾在短期間兌現改革，不然就要有心理準備，推向革命！原因是我們沒有義務接受這樣荒謬的體制。拒絕殖民地殘留體制是我們台灣人的天職！

人民必須堅信有革命人權。

為了盡歷史家應有的責任，作以上的呼籲！

（本文撰寫於 2017 年 6 月 14 日；刊載於《民報》電子報，2017 年 6 月 19 日。）

# 以開放的國民主義建立理想的台灣國家

*世上有許多民族主義（nationalism）的傑作；作品中有普遍性原理，也有研究對象本身的社會政治的「歷史的特殊條件」。但有一些學者往往祇執一家之言，忽畧有其「歷史的特殊條件」，故未必適合台灣。本文內容所介紹之理論簡核，兼具反省歷史之糾葛，期能作為「共同見解」而普及認知。*

自 1945 年 10 月以來，台灣被編入中華民國體制內，對於以「中國」為國號，以及「中國民族」或「中華民族」等舶來名稱，不儘瞭解其由來；在政治教育與歷史教育的強制灌輸下，不論是接受與否都造成「認同」問題，即國家認同、國民（民族）認同的問題存在。

清末推動變法維新的梁啟超，於 1901 年主張以「中國」為國號，創造「中國民族」一詞，並認定「中國民族」即漢族。翌年開始用「中華民族」，從此普及化。

梁啟超是提出「中華民族」詞彙的第一人，中華民族即漢族。孫文等的革命，首先主張「驅逐韃虜，恢復中華」；此中華即中國，是漢族的國家，「韃虜」不在內。

關於漢族，梁啟超在《中國史敘論》一文提到：「我輩現時遍佈于國中，所謂文明之冑，黃帝之子孫也。黃帝起于崑崙之墟，即自帕米爾高原東行而入于中國，栖于黃河沿岸次第蕃殖于西方。數千年，赫赫有聲于世界，所謂亞細亞之文明者，皆我種人自播之而自獲之者也。」

漢族是黃帝之冑，來自西方，入于中國，創造亞細亞文明；如此說來，中國民族，當然指的是漢族。但是概括在「中國史」範圍中之人種，梁以為不下數十，而舉出最著名有關係者有六。

所謂漢民族，從民族學的觀點，在學理上很難定義；有謂接受「漢字」文化，能納入該文化共同體而自認是漢人的，就是漢民族。論者以為從古代到現代，常發生「社會的漢族化」，即周邊的少數民族接受中國文明而漢民族化，有的發生遺傳因子的混合。

馬偕醫院醫師林媽利指出，從血液組織抗原研究發現，台灣人在基因上屬於南方的亞洲人，也是中國東南沿海原住民越族的後代。中國的分子人類學家也指出，中國境內分類從北到南 25 個地區，發現漢人可分北方漢人、中部漢人及南方漢人三個地區，地理差距越大，基因距離也越大。透過血液的組織抗原研究，台灣的閩南人與客家人在血緣上幾乎一致屬於東南亞洲人，和北方漢人與北亞洲人在遺傳基因上有相當大的距離。

林媽利說，中國東南沿海一直到北越都屬於越族的範疇，五胡亂華或魏晉南北朝雖然有不少中原漢人南遷，使部份中原基因滲入，但戰爭平息後，大部份南遷漢人又搬回北方。越族因經濟利益生存考量所以漢化。清朝時期越族又陸續遷移至台灣，在西海岸碰到屬於母系社會的平埔族，台灣人祖先就是「唐山公」與「平埔嬤」結合的故事，所以很多台灣人有平埔族的基因在身上。研究顯示，台灣人並不是傳統上中原漢人的後代。

若照梁啟超的說法，「黃河沿岸與揚子江沿岸，其文明各自發展，不相承襲。而甌、閩、兩粵之間，當秦漢時，亦既已繁盛，有獨立之姿。若其皆自河北移來，則其移住之歲月及其陳迹，既不可考矣。」（見《中國史敘論》）如此看來，有什麼血緣可以與黃帝攀上關係？江南民族已攀不上關係，更不用說是台灣了。

但奇怪的是，距梁啟超的論點已有 110 年的今天，仍有人搬出神話愚弄人民（最近高中歷史教科書的「課程綱要」問題顯然是一個例證）；對整個台灣來說，仍舊沒有放棄外來殖民地支配的本質，更何況 1901、1902 年的「中國民族」與「中華民族」的提出，台灣是在日本統治下，並不包括在刻意「設計」的內容之內。

自十六世紀前半開始，從中國大陸的閩、粵地區紛紛移民到台灣。但這種現象，不祇是發生在台灣。不論在北方邊境或東南沿海，華人與周邊民族形成「邊境社會」，這是中心與邊陲發生

移動的固有現象，也是發展成後來國際局勢的一個前兆。

從閩、粵地區的移民台灣者自認是漢人，嗣後受日本統治時有別於大和民族，自稱漢民族。但自 1945 年以後輸入「中華民族」、以及以炎黃為始祖的說法，不管漢民族或原住民都莫名其妙的成為「炎黃子孫」了。也因此，中國共產黨政權頻頻招手，在中國國民黨推波助浪下，愚夫愚婦紛紛赴中國朝拜那捏造的黃帝陵、炎帝陵（神農氏），那些神像也是不多年前出自想像而塑造的。

總之，自幾百年前以來，閩、越系的人移住台灣，有一些人要強調自己是漢民族，而且是從「中原」而來（中原民族），應是優越感在作祟。台灣人既非所謂「中華民族」，而是由許多不同的族群處在平等線上構成的獨特（unique）的命運共同體。

台灣人民必須要切記：中華民族一詞是在 1902 年的「造語」，台灣自始至今不屬中國所有；1945 年蔣介石受聯軍之命佔領台灣，並不意味台灣為中國所有。中國國民黨是外來政權，承襲殖民地的差別統治政策「統制」台灣，以「三民主義」、「中華民族」等概念強制植入台灣人腦中，不論是意識或潛意識，有些人因「內化」而達到其「改造」目的，今日「買辦」的賣台即是其中一部份。

台灣有台灣的民族主義，這是作為台灣人必須認清楚的。民

族主義的性質有兩類，一是「封閉的」民族主義，一是「開放的」民族主義。「開放的民族主義代表『近代』的模式，趨向於互助交流，基於地域（領土）的組織以及一個政治社會，組成國民國家，但不是基於人種和血統。」

「封閉的民族主義則強調民族的土著本性、共同血緣（人種、血統）以及祖先土地的根。」

但沒有一種民族主義是純粹屬於兩者之一。開放的民族主義如美國之例，「其建國是基於解放、融合、互助交流、個人主義等因素」，開放的民族主義「對於將來建立起理想的國家，超越過去，強調個人的自由自決」；這是台灣需要的民族主義。

關於 nationalism 一詞，根據丸山真男的說法，有三種譯法：國家主義、民族主義與國民主義。台灣人民在這塊土地上，有意願要建構近代國家、國民國家（nation-state），自覺是這「命運共同體」的成員；這樣的國民意識形成台灣的國民主義，進而建立近代國家。

這樣的國民主義的主張，有別於「重現血緣傳統的漢人及所主張的民族主義，即『種族民族主義』，同時也有別於『漢民族中心主義』」的「中華民族論」的封閉性民族主義。正因國共兩黨的這種主張，造成中國大陸各民族受壓迫以及台灣被侵略的危機。這是台灣人必須拒絕接受的。

（本文修訂於 2017 年 10 月 21 日；刊載於《民報》電子報，2018 年 1 月 3 日。）

# 黃昭堂教授與二二八史料

　　黃昭堂教授在學術上是一位嚴謹的學者，但他的卡理斯瑪（charisma）性格，領導台灣獨立建國運動的光芒遮蓋了他的學術性。

　　旅日期間，他的日文發表〈台灣在國際法上的地位〉、〈台灣總督府〉、〈台灣民主國之研究〉，已譯成漢文，在台灣出版。

　　但他對二二八事件的關心卻沒有人注意到，他解嚴後歸國，參與二二八紀念活動時，也只是以簡單的致詞帶過，從來沒有提到有關這方面的譯著，而台灣國內也很少人知道。

　　他曾經以日文編譯《台灣情勢報告書——有關二二八事件美駐華大使館的報告》（按：書名是筆者暫譯），1973 年 11 月 20 日由「台灣現代史研究會」發行於東京。

　　該報告如同書名所顯示的，是美國駐台領事向駐南京的大使報告，再轉國務院；國務院的指示也是經南京再到台北。有時因時制宜，也有由領事直接致電國務卿的情形。

　　黃昭堂教授的這一本譯著，有「譯者的話」和「凡例」。凡

例列舉五項，舉例來說，原書傍註之外，譯者也加以傍註，此其一。二是說明電報收信時間比發信時間早，是中國地域與美國時差的關係。其三，指出美國機構名稱，日本的譯名與台灣使用的譯名不相同等等。由此也看出譯者應有的謹慎。

黃教授選譯的電文有 56 則，計 61 頁。斷限自 1947 年 1 月 10 日美國駐台北總領事發給駐南京大使的電文：內容陳述二二八事件未發生前，整個台灣政治與社會情況不安的情勢。最後一篇是 1947 年 12 月 17 日台北總領事直接發給國務卿的文件。

此本譯著如前所說的是在 1973 年出版，當時台灣在戒嚴令的統制下，談論二二八事件是最大的禁忌。1987 年是二二八事件的 40 週年，台灣人權促進會與其他團體（計 56 個團體）在戒嚴體制下成立「二二八和平促進會」，旨在「祭悼亡魂，以期逝者得以安息，冤者得以平伸，並化解政治上的緊張，帶來社會的和平。」但是當時國民黨將責任推給台獨與共產黨。（參考 1992 年出版的《二二八學術研討會論文集》中筆者寫的序文〈歷史是大眾生命的延續〉。）

1987 年的「二二八和平運動」，翌年改作「二二八公義和平運動」，以為沒有「公義」何來「和平」，意涵「轉型正義」，但這時「轉型正義」四個字還沒有出現，也還沒有今日成為台灣人的共識。

　　同在 1988 年，「財團法人現代學術基金會」經過鎮壓後在這一年向政府登記成功，董事會的 21 位專家與教授從黨外時期默默的參與民主化、自由化與人權運動的規劃，更對二二八事件的平反積極的參與，曾舉辦多場二二八學術研討會。

　　當時，檔案文書難以入手，唯有筆者藉黃昭堂教授的譯著討論該事件。1989 年「台美文化交流基金會」假元穠茶藝館主辦座談會，由中央研究院近代史研究所的林明德教授主持、筆者主講「從外交文書看二二八事件」；黃昭堂教授的譯著是主要參考著作。林教授與筆者都是現代學術基金會的董事會成員。

　　筆者行文至此，主要是希望不至於忽略黃昭堂教授的業績；諒他是在那困難的年代著手翻譯二二八外交文書的第一人，因此在學術史上應予記錄，並希望該譯著能依照原貌影印行於世，同時用以紀念黃昭堂教授。

（本文撰寫於 2018 年 2 月 20 日；刊載於《自由時報》，2018 年 2 月 24 日。另刊載於《台灣獨立建國聯盟盟員通訊》，2018 年 3 月 12 日出刊，頁 7~8。）

# 選舉文化的墮落，台灣民主政治的危機 ──國家、政府、選舉、有立場無是非導引下的弱智、民粹與眾愚政治

選舉文化的墮落到去年（2018）11 月 24 日的「九合一」的選舉，可以說到極致。

## 第一、政黨變為中國傳統的「黨爭」

東漢末、宋朝的變法，無一不是因黨爭而失敗。這是由於「有立場而無是非」。司馬光鬥爭王安石，王下台之後最後一名變法的官員，也被鬥下來，司馬光才死去。有一個笑話，深藍的政客批判台北市長柯文哲，說他是王安石；柯立即反應，他是商鞅而非王安石。不知清末以來，歷史的研究，肯定王安石的變法；台灣有一個怪現象，越是深藍，越不懂中國史；讀者可以把現在的政客一一拿來檢驗就可以知道。

中國歷代變法改制都是失敗，康有為、梁啟超等的變法，都是以慘局收場，有的棄市、有的逃亡，梁因乘日本軍艦逃亡日本，

接觸「異文化」，終於獲得啟蒙。總之，目前台灣的政黨政治，脫離不了中國人傳統「人治」的醬缸文化，政黨政治變成「黨爭」，誠是可悲。

## 其次，選舉制度與選風的敗壞

去年 2018 年的選舉，剛當上高雄市長無一建樹，連維護國家與社會安全的萬安演習，竟然不親自主持，而派副市長承當，想是怕得罪敵人──中國吧！

當了五個月市長就想攀總統之位，連行政訓練都不夠，竟然貪婪權位如此。為了雙腳搭兩條船，諒不會先辭市長之職。一旦登上總統之位，恐又得補選高雄市長；浪費國家資源。多年來不斷選舉之競逐，帶壞風氣，造成社會不安。

這種弊端已成慣例，去年 11 月 24 日選舉也因有人辭掉代議士之位而跳槽成功，今年只好再辦補選。話說回來，補選制度浪費公帑之外，也攪亂社會秩序，對本有的職位未能盡職，對市民的承諾視若無睹，不可原諒！

## 第三、日奔敵營，獲得「欽點」，以此自豪

藍營的人要選舉，一一赴中國請命，最典型的例子是韓國瑜。過去是「夜奔敵營」，現在是堂而皇之去「朝見」。為了取信於中國共產黨，先侮辱台灣人：「台獨比梅毒還可怕」。中共為了

考驗他的忠心，用一級一級的低官與之接洽，評估他的真情。最後「中聯辦」的頭頭出面，韓國瑜算是「成功」了。

台灣在蔡英文的三年執政，任由中共第五縱隊滲透。中共除了用正式間諜之外，最常用的是老百姓，以觀光、交流等使人不太在意的人到處流竄。不久前報導，一個中國婦女竟然溜進美國總統川普的別墅，她的器材裝備齊全；用這種淺顯、廣泛、間接而經許許多多的途徑蒐集情報，被稱作「農耕型諜報」。另外，相對的是正式諜報機關，被指定標的而限於短期間直接蒐集情報者，稱作「狩獵型諜報」。（此參考宮家邦彥著〈被拘留的兩個中國人女性〉，原文參考日本月刊《Voice》，2019 年 6 月號。）

話說回來，被收攏的「韓國瑜們」對台灣有多少忠誠？選高雄市長，花費上億元的龐大經費來自何方？中國的外來組織？不能不令人懷疑。蔡英文三年執政以來，台灣海峽的兩岸來往絡繹不絕，五星紅旗到處飄揚，法務部長的邱太三說是「言論自由」；輿論批評後更上一層當國安會首席諮詢委員。「放水了」，日奔敵營也沒有什麼奇怪的事。

## 第四、韓國瑜的「台獨比梅毒還可怕」是對台灣人發動無止盡的戰爭

台灣人世世代代在台灣經營，愛護鄉土，要獨立是天經地義的事情，不必要中國同意，也不必要美國同意。

　　如上文所說的，韓某為對中國共產黨的國家輸誠、交心，不惜侮辱台灣人。韓某的一生不是靠這塊土地與人民而獲得生存，不必成為難民，甚至弄到「富」「貴」雙全。許多在台灣自詡為中國人者，都有這鄙陋。為什麼？他們的心態和韓某是一樣的。

　　韓某的心態，仍停留在 1945 年以戰勝國的「接收」，而視台灣為新佔領的殖民地；殖民者對被殖民者欺壓，視為當然。近來流行的一句形容詞叫「高級外省人」要比別人高一等。更正確地說，應該稱「高級外國人」；內心對殖民地統治藏有優越意識。

　　有人說，對威權統治我們「選擇服從」，但不要輕估我們爭取來的普世價值；雖然還沒有竟成，但我們仍承襲百年來的先祖先烈在反抗──不管是消極的，還是積極的抗爭，統治者應該戒慎，不要把我們應有的權利看輕了。

　　韓國瑜應該知道什麼叫做獨立，國家的定義是主權完整以及完全獨立而不是半獨立，才是正常國家。現在的中華民國俱全這個條件嗎？韓某應該要俱備這樣的「基本常識」，才去「搞」政治。

　　<u>我們很自然的要以自己的台灣稱自己，不願以中華民國的國號與「中華人民共和國」爭奪「中國」的「正統」而與北京政權糾葛造成「內戰體制」，使它有藉口發動軍事的侵略戰爭。這一點是今日台灣朝野蒙昧的地方。</u>

　　總之，韓某對台灣人的輕視，作為一個台灣人不能裝聾作啞。中國國民黨若要推出這樣的候選人，必然要承擔後果，付出代價，無以在台灣立足。

## 第五、韓國瑜的群眾鬥爭路線

　　范世平教授說，韓某讀研究所，受過馬列、毛思想的教育，國民黨昔日設研究所是為對付共匪，沒想到他已「內化」了，又到北京大學學習。

　　韓某的手段就是像共產黨一樣從勞、農、工、漁著手。他說「一碗滷肉飯與一瓶礦泉水」，好像他是中共政權所說的是屬於「低端人口」，其實是媒體報導的經常打牌的有閒階級，而且常是醉客，家財萬貫。

　　他喊「高雄又老又窮」，彷彿他很窮；聽眾被消遣，彷彿自己也很窮、又潦倒。群眾被消遣反而用來自娛。

　　韓喊著「貨出去、人進來、高雄發大財」；聽到他的「發大財」就興奮起來。但五個月來的執政，提不出具體政策來；碰到議會質詢只能以其他官員代答。既然沒有「發大財」的辦法，亦只能教人用「念力」；他說：「我們用念力，全高雄都知道高雄發大財」（見 2019 年 5 月 17 日的《自由時報》。）有人聽了，彷彿自己已經「發大財」；阿 Q 是很接「地氣」的。

韓某塑造自己「窮極潦倒」的形象，卻能在選高雄市長時花上億萬元，「錢」的來源有「外援」？這是媒體的懷疑，沒有看到回答。

韓某當選高雄市長，沒兌現對高雄人的承諾，又要跳槽選總統，如上文所說的破壞政治運作的常軌；高雄人緘默，不是被愚弄，是什麼？

韓某的另一特色是言語粗鄙，不足作為年輕人的典範而要選總統，全國跟著沉淪。在媒體瞬間傳播整個社會的時代，一個公眾人物的隨便，是罕見的。譬如他罵批評他的人「小癟三」，這個「外來語」做為台灣人的我，聽不懂。國語日報編的辭典下的定義是「上海一帶稱窮極無聊的流氓」；那麼，對方是「窮極無聊」，他是權貴階級。他用這樣，接「地氣」？民粹帶走「眾愚政治」？這是台灣民主政治的危機！

## 第六、民主主義觀念的再教育

德國的哲學家馬爾克斯‧葛布利爾（暫譯，見後附記）接受專訪，討論民主主義哲學時提到投票行為，他說要了解自己投票給誰，應有高程度的政治教育之必要。但是一般人都沒有到高度的政治教育。舉例來說，住在馬賽（Marseille）郊外的 18 歲貧窮的女子給予投票權，她要投票給誰很容易被操作。現在的「寡頭政治（按：指由少數握有權力的獨裁政治形態）已經利用社會學、

心理學或神經學控制投票行為。所以從這一點來看，我們的社會已經遠離民主主義的理想。因此為了避免極貧的現象，需要資源重新分配給每一個社會的成員，因此必要有新的民主主義理論。

要實現理想的民主主義，需要有力量的人；或是企業的力量、或是產業的力量，越過政府的力量，透過「臉書」或影子政府也可以，有力量的人出來貢獻，訓練正確的觀念。接著，他指出中國在非洲倒行逆施，因篇幅關係在此省略。

## 第七、權力者的傲慢

回溯台灣目前各政黨的行為，頗為傲慢。比較上述的哲學家之諍言，更覺得離譜。

以國民黨來說，李登輝本來可以作為元老以備諮詢，但 2000年連戰大選失敗，當夜馬英九率眾包圍李登輝官邸，馬英九結合外省族群鬥垮、鬥臭李登輝；群魔亂舞，從此國民黨沒有有見識的元老可以諮詢。

民進黨方面，黨外運動時代民進黨成立，雖然分離出去仍與黨外連成一氣。國民黨常操控軍、政、特、警等機器，不時找機會要「取締」民進黨，仍獲黨外支援。民進黨聘請黨外人士為顧問、仲裁委員，協助處理黨內派系糾紛，黃信介等人為資深的政治人物，仍尊重、禮遇這些人士。但今天這樣的功能已經不存在。我們看到「四大老」對總統的諍言，總統府方面的回應，不免讓

人心寒。奧運問題,看出民進黨已蛻變,不要以為是以前的民進黨。老一輩的黨外人士也不要在「意識上」再認為「民進黨是自己(台灣人)的政黨」;即是說,畢竟是時代改變了,不要因過去的認知而自己誤判形勢;視民進黨等於「台獨黨」。

## 奧運問題

遺憾的是 2018 年民間希望以台灣名義能夠參加 2020 年在東京舉辦的奧運,也獲得日本民間的支持。但總統又是民進黨的主席,黨‧政一把抓,竟然發動黨機器與國家機器全面杯葛,為的是對付喜樂島發起人與其鬆散的聯盟;這聯盟並非永久性的組織,實際上也談不上組織之名,衹不過是有志一同的一時聚合。

當然,由於黨政機器的發動,以公民投票方式要在奧運正名是失敗了。但奧運是基於奧林匹克(Olympic)精神。運動精神(sportsmanship)是高尚的;中國文化缺欠這一點,但已是世界的普世價值,公平競爭是倫理的一項。如果台灣順利通過公投,以公投名義的成果提出東奧,是會受到民主國家的支持;如果中國的霸權抵制,必然受到世界輿論的譴責。

但是我們面臨的是主持運動體育的人操弄政治,不懂運動精神是什麼,卻又強迫運動員聲明反對正名,變成運動員不懂什麼是奧運精神。進一步也反映在國家領導人身上……。

如果公投通過,奧會正名失敗,無疑是主持這一次奧運的國

家日本不但難於向其國民交代，也難於向全世界的人說明。但如果東京接受，其功績落在民進黨政府。**這件事顯示台灣的政治人物本身就很欠缺「運動家精神」，故空喊正義（包括轉型正義），民不為信。同時，動搖了民進黨支持的廣大基盤。**

黨外時代，民進黨成立，執政基礎在本土。但三年來，執政者與黨外以來一向支持者切割，應用藍系人士；此次杯葛公投，更與本土意識者疏離，壞了民進黨的基盤而反應在 2018 年地方的「九合一」選舉。（此事如果不能在大選前「亡羊補牢」，在奧運時，台灣人的綠色政運旗，以及獨盟的旗幟都會在奧運會上出現，日本的國民與團體屆時也會拿著這些旗幟出現，日本政府找不到理由可以取締，也絕對不敢貿然取締以違背奧運精神。尤其續任的蔡總統要如何處理？會將有「多種可能」是可以預想到的；但必然是「造反有理」！一旦「中華台北的奧會主席」赴日疏通要求壓制民意，要求安倍首相或主辦單位「護短」，則顯現台灣當局與北京在同一陣線上壓迫台灣人民……。）

「九合一」的選舉，是在美國不斷的支持下敗選；使人連想到 1949 年蔣介石比中國共產黨有更好的軍事裝備，而在被支持下潰敗。原因如上文所說的，與本土意識者疏離；而蔡總統的民調低盪，根本原因在此。

另外，關於中國的問題。自今年年初以來習近平對台的手段更惡劣，不僅加強對台灣之滲透、更以武力威脅。但執政對中國

之滲透顯得姑息。不幸中的幸運，美國對亞太地域的安全作為重點，使總統在國防與外交上得以發揮持有的權力；但在外交上仍舊是被動的，因水漲而船高。民調也因此提升。

## 第八、政治制度的虛設，遍地找不到人才

以上是就各政黨而論；但各黨一旦執政，遵循國家體制，總統府聘請資政、國策顧問。但 2000 年陳水扁執政，聘請資政、國策顧問，有的有給職、有的是無給職。不管如何，民進黨的某些人攻擊是為了「酬庸」；是否一概如此未經深思。

本土派的人一向支持民進黨，過去祇講奉獻，未有他想，但受到那樣的批評，心中不是滋味。本土派經常建言，研究政策也是必然的。但一旦位居高位，不喜歡聽到批評；我不願斷言當時的陳總統是如此。但曾經發生兩位顧問赴中國，言論失體統，引起資政、國策顧問商議，請辜寬敏先生與總統交涉！我在四年任內曾經請國外的生化武器專家與國防外交專家分別為陳總統簡報。事後，他要秘書長安排。因此國防部來電，次日由生化武器專家給參謀總長湯曜明及有關人員簡報。沒有使國家花旅費或演講酬勞，是由筆者自己安排。

我的意思是要說：有些政治人物祇相信「側近」，不能吸收智者廣攬人才。中國式的傳統都有「側近政治」的通病。知識分子（指的是 intellectual，不是 elite）有他的人格尊嚴，不受如「四

大老」的被奚落。國家領導人只是「維持現狀」保住執政集團的利益而落入中國「內戰體制」的漩渦而不敢走出去，如何向歷史交代。

另外，令人不解的是決策用人沿襲國民黨的老班底，而過去數十年來民進黨儲備的人才都不被看在眼裡，讓他們閑散在家；統治者常常說沒有人才，愈居高位、愈是孤寡一人，看不到人才，歷史的教訓俯拾皆是這種例子，可以為鑑。

## 第九、幾年來台灣意識、國民意識的衰退，應有起碼的對策

這幾年來中國積極對台灣滲透、統戰，台灣各界被動的在作中國的「習題」，例如「九二共識」、「一國兩制」，國內也有很多政客配合，甚至說是「兩岸一家親」或「一中各表」。但國家領導人及有關國防、外交、內政部門都祇是消極對應，讓五星紅旗到處飄揚不敢取締。無疑是把這「劇變的時代」當成「守成的時代」在施政，對敵人缺欠積極對應而任其滲透，國安單位讓人疑慮，自然造成投機政客越來越多。

「維持現狀」做為三年多來的主政方針，到今年迫於美國積極對付中國的形勢已成而略有調整；為了明年大選不得不打出「辣妹」的形象。

任何人都瞭解「時」「空」不斷在改變，尤其全世界的變局

更加急遽。當然，前任的馬英九誤國，增加目前的負擔。

回溯以往，2010 年 11 月 1 日白樂崎在《自由時報》撰文：「中國正在改變台灣現狀」當時馬英九視若無睹；2012 年 12 月 10 日他又在該報撰文「先是『現狀』還不過」，他指出「歐巴馬政府已提出『軸心轉向東亞/東亞在平衡』，在這種外交政策的主軸下，如何提升美台關係存有一絲稍縱即逝之良機」。按：過去馬已誤國，筆者目前引用此段，是希望執政團隊在當前把握有可能如白樂崎所警告的「**稍縱即逝之良機**」；**國家要正常化是要對川普討價還價的。**

在這之前，白樂崎又建議馬政權以「台灣共識」取代「九二共識」，不僅當時馬政權誤國，今日的國民黨等親中政黨還在配合中國，對台灣人民統戰，玩弄「九二共識」。2020 年的選舉將至，希望民進黨的上下，能大聲的說：「祇有台灣共識，沒有『九二共識』」，亡羊補牢。（白樂崎的文章，請看 2011 年 5 月 16 日的《自由時報》，〈以台灣共識取代九二共識〉一文。）

對付目前中國對台灣內部滲透、對外交方面的封鎖及軍事戰爭的威脅，國家元首應該考慮設法告訴國民，各種戰爭已經開始，只是軍事攻擊尚未發生而已。（據中國出版的《超限戰》）國家元首只反對「一國兩制」是不夠的，未能跳脫中國設好的圈套，應宣示台灣已是主權獨立國家（這也是民進黨的綱領）；至少也可以採納譚慎格的建議向國際社會宣示「台灣是一個獨立於中國

之外的國家」；當時他指馬政權說：「台灣政府至今並沒有宣示」
（見 2012 年 12 月 1 日的《自由時報》）。

除此之外，澳洲的學者 Salvatore Babones 在 2017 年向台灣建議發表「台灣認同宣言」，其文章的要旨是說：北京要奪取台灣是不可能，將台灣看作中國的一省之神話繼承下去是毫無意義；現在是台灣邁向正常國家的機會；有必要將「台灣是中華民國」的虛構扔掉，也要拋棄「在中國大陸擁有權利的主張。以中華民國當作島嶼名稱，應該正式變更作台灣。台灣應採「認同宣言」，這並不是獨立宣言。已經不使用使人想起中國的中華民國，美國以及世界各國會和現在的（實質的準國家）巴勒斯坦一樣，今後會更積極的與台灣交流。此文也提到南海問題，該文論說豐富，無法詳述。（參見附錄）總之，「台灣認同宣言」也是可以考慮的政策，台灣朝野竟無反應。

如今國際形勢對台灣有利，蔡英文總統在這第一任期內立法院的席次也佔多數，在這半年內應掌握時機與美、日、歐等國家照會，至少應採譚慎格等人的建議，掌握國際上有利之時機。民氣可用，如此而脫離「中國內戰」架構，各國與台灣往來中國再不能以「干涉內政」為藉口。這是最保守的作法，也適合執政團隊的性格，正可以與當今世界反中國侵略的潮流相呼應。總之，蔡總統在續任運動期間，應把握宣示以上三個外國專家的建言，以喚回民心。

一、「<u>台灣共識</u>」，沒有所謂「九二共識」。（白樂崎的建議）

二、「<u>台灣是一個獨立於中國以外的國家</u>」。（譚慎格的建議）

三、「<u>台灣認同宣言</u>」。（declaration of identity）。（Salvatore Babones 的建議）

## 結語：台灣人自己應有作為，不任人宰制

如今的台灣人是否已經喪失價值觀，只能靠一句「拚經濟」而換得「一口飯」吃？已經到了窮極無聊的地步？

台灣被「高級外省人」操弄，難道忘了幾百年的歷史，在抵抗外來的殖民地統治者？我們的先烈犧牲生命，用了血汗換來今天有初步的世界公認的「普世價值」──自由、人權、民主、平等、法治。我們還沒有達到我們理想境界的民主政治。過去有許多國家暨人民蔑視我們，但今天因為有民主成就，開始肯定我們，尊重我們。隔海的中國政權一天到晚企圖侵略我們的國土，企圖奴役我們台灣人，有許多人仍喪志辱國；讓世人覺得寒酸、可恥。2008 年民進黨失政，馬英九用欺騙的手段喊「堅決主張台灣的前途必須由台灣人民自己決定！」「捍衛中華民國主權堅決反對『反分裂國家法』」（見 2008 年 3 月 14 日《中國時報》廣告）；馬英九終於當選；這使許多外國來台考察的專家學者感到台灣人缺乏國家意志而容易受騙之不可思議，在我面前不隱蔽鄙視台灣人的看法。如今竟然還有所謂「韓流」，台灣人不記起教訓，已

經到「易欺而難悟」的地步？

　　最近有一則消息，中國年輕人被比喻為「狼性」，台灣年輕人被比喻作「羊性」，使聖者達賴喇嘛感到不可思議；他擔心台灣下一代競爭力薄弱。他強調競爭力與慈悲力一點都不衝突，「帶有慈悲心的競爭是可能的，……是真誠的善良動機。」（見 2019年 4 月 10 日《自由時報》的報導〈達賴喇嘛看開生死讚台灣善終新法〉）對於每天陰謀顛覆台灣，要掠奪台灣的中國帝國主義，台灣人軟弱像羔羊，每天讓政客口沫橫飛消磨我們保家衛國的意志力是否可以？我們必須把這樣投機的政客拉下台！

　　台灣人應再回顧自己的歷史，看看為什麼在每一段落都有起來抵抗侵略與壓迫，重塑我們的國家意識，從精神武裝到物質的武裝，效法以色列、瑞典、瑞士等重視雙重武裝的軍備，而換來和平，建肇新而獨立的國家。

## 【附記】

上文提到的德國哲學家馬爾克斯・葛布利爾，原名 Markus Gabriel，在德國受日本國際記者大野和基採訪，文作〈民主主義を哲学する〉，刊載 2018 年 4 月號的日本月刊《Voice》，第 18 至 29 頁。

其次，關於 Salvatore Babones。2017 年時，他是澳洲・Sydney 大學的副教授，專攻社會學、社會政策。所引用之著作即："Taipei's Name Game—It's Time to Let Taiwan Be Taiwan"；原載英文雜誌 *Foreign affairs* 的網路版，不見載於該刊紙本。該誌有許多國家的語文版，日本版作《Foreign affairs Report》；譯文刊載 2017 年 2 月，題作〈中華民国という名称を捨て、台湾アイデンティティの宣言を——『一つの中国』のジレンマを解く〉。日文版有特色，除了兩幅插圖及附說明之外，又有提要，很貼切。

（本文撰寫於 2019 年 6 月中旬；刊載於《民報》電子報，2019 年 7 月 3 日。此文曾寄給蔡英文總統，表示不是背後批評。2021 年「雙十節」蔡總統的致詞，配合國際社會對台灣之期待、肯定對台灣本身之定位，政策顯明化；即「維持現狀」是「動態的維持現狀」。）

# 拜託高雄的台灣公民在 6 月 6 日為全國台灣人討回公道

韓國瑜要參選高雄市市長，憑著他曾經到過北京大學「受教」的背景，再赴中國「朝覲」，冀望獲得中國共產黨的「欽點」，赤裸裸地向中國共產黨交心，謂「台獨比梅毒還可怕！」，中國國民黨盡力配合，提名為高雄市候選人。

韓某善於演戲，以一個富豪偽裝成一貧如洗的「庶民」，靠著「一碗滷肉飯與一瓶礦泉水」在度日子，竟然因此騙取高雄人的選票，以高票當選市長。

但韓某在選舉期間對高雄人的承諾無一兌現，一躍而參選總統，雖然失敗，但獲得選票換得財富。高雄人竟為人作嫁！

反觀中國國民黨，當時受到「什麼壓力」，排斥土生土長的台灣人而不得不提名韓某，至今還沒有向國人交代，現在又在支持韓某的「反罷免」，也應該對台灣人說清楚；這是政治責任，也是義務！

## 台獨比梅毒還可怕？侮辱台灣人！

目前，高雄人應嚴肅的檢討自 2018 年以來的情形。韓某對時時刻刻企圖侵略台灣的中國共產黨交心，謂「台獨比梅毒還可怕！」不僅是侮辱作為台灣人的一份子之高雄人，也是侮辱全國的台灣人；「這是對台灣人發動無止境的戰爭」。（請參考 2019 年 7 月 3 日筆者在《民報》網站刊載的〈選舉文化的墮落，台灣民主政治的危機〉。）

台灣的國家主權，基於「主權在民」的原則，屬於台灣人，不是任何人、任何勢力可啄囓的。

台灣是一個自由、民主的社會；台灣的領土自古，甚至現在都不是中國的領土，這是歷史事實！台灣的主權屬於台灣人，台灣人追求一個「主權完整」，且「完全獨立」的國家是「天經地義」的事情。這就是說，台灣人擁有「自決權」；這是國際社會不得忽略，而且不懼中國流氓霸權的威脅，正在不斷發聲支援的事情。

6 月 6 日罷韓的投票，希望高雄人有見於此，為自己的尊嚴著想，也為全國台灣人討回公道！

最後，高雄人不妨再想一下：韓某流亡來台，不僅因台灣社會賦予的條件使他能夠生存，甚至榮達，還可以參選，竟然依附日夜騷擾台灣安全的敵人，出賣台灣（人）。姑息養奸是自古明

訓。若讓此情勢繼續發展下去，有投票權的高雄人，如何對得起祖先和保護自已的子孫？

　　以上，我做為一位歷史學者，向高雄人拜託，6 月 6 日明快的抉擇，向歷史交代！

（本文撰寫於 2020 年 6 月 1 日；刊載於《民報》電子報，2020 年 6 月 2 日。）

# ROC 是什麼體制？
## ──總統制還是黨國制

在這裡所要討論的是身為總統，同時又是黨魁，牽涉到總統制還是內閣制問題。

2020 年 1 月蔡英文蟬聯總統之際，民進黨主席卓榮泰表示，將由蔡總統擔任主席，令人感到錯愕，到底走的路線是總統制還是內閣制？

台灣自總統直選後，連主張內閣制的李鴻禧教授都見於形勢，接受總統制。所謂總統制並非權力集中在總統一人身上，而是國會對總統的權力制衡（check and balance），國會議員應有自己的主張。這是昔日沈乃正教授在東海大學講授「比較政府」課程時，費整整一年的時間再三強調的。至於內閣制，則由國會佔多數議席的政黨組閣，故運作方式不同，在此不討論。

在此討論民進黨，對中國國民黨已無興趣加以討論。過去陳水扁擔任總統時，曾一度兼黨主席，後來運作不良而辭去黨魁一職，政治學者似乎未曾當作政治學的議題加以探討。

2016 年蔡英文以黨主席參與總統大選；勝選之後，自自然然的由黨主席又任總統。

勝選的原因，簡單的說，馬英九自 2008 年當政之日，即時「外交休兵」；不僅是外交，政治、經濟等等都「去國家化」而「傾中、反美日」。尤其是自 2010 年簽訂「兩岸經濟合作架構協議」（ECFA）後，又進而推動「貨物貿易」與「服務貿易」，更引起台灣經濟衰退與亡國危機。2014 年太陽花學運及各方努力，加上國民黨推出的候選人朱立倫的無策，批判自主外交為「烽火外交」，顯然繼承馬英九的「去國家化」與「芬蘭化」，甚至引起民主國家的恐慌，終使蔡英文當選。

以上將勝選的原因，簡略的交代，並非本文主題。

## 國會放棄監督　自喪其權

問題是大選之後，立法委員先就任而總統要等到 5 月 20 日。期間，民進黨的立法委員幾無可作為。當時立法委員高志鵬提出政府機構懸掛孫文遺像作為「國父」一案，馬上被該黨的立法委員壓制下來。這到底是國會議員聽命於黨魁，還是總統？

從此之後，這個問題煙消雲散，沒有人議論。而民進黨的立委有幾位是政治學者；該黨不論老少、腰幹不直。這是總統制、抑或甚麼制度？

　　筆者忍不住在那期間的 3 月 4 日發表一短文〈立院的「兩岸」魁儡戲〉（載《自由時報》），以及 3 月 18 日在《民報》網站發表〈大選有民主！選後有尊嚴？〉意在指出國會欠缺監督，自喪其權，人民的權利被踐踏！

　　更嚴重的問題是總統設計阻擋以公民投票為國家正名的問題。2018 年 1 月 15 日由紀政領銜成立「2020 東京奧運台灣正名行動聯盟」擬在 11 月 24 日地方的「九合一」選舉的同時，舉行公民投票，以台灣名義參加在今年（2020）的東京奧運；這個「非政治性」而以「台灣就是台灣」的「名實一致」，且合乎「運動家精神」（sportsmanship）的作為，必然會獲得國際上正常國家之支持；而日本民間已組織支援團隊在東京各地方簽名支持。

## 蔡總統禁止黨員挺東奧正名

　　但是喜樂島聯盟在 10 月 20 日舉行宣導的集會，台灣人熱烈的響應。但蔡總統禁止黨員上台參加，否則開除黨籍。投機政客台北市長柯文哲也配合，禁止借凱達格蘭大道為集會之所，只允許在北平東路狹隘的地方舉行。長老教會的牧師在這之前分兩梯次到總統府被「宣導」，但仍選擇「不服從」而集體站滿了講台，以明其志。

　　「公投正名」與地方「九合一」的選舉在 11 月 24 日舉行。由於當局的阻擾，「公投」失敗；但民進黨的地方選舉更是大敗。

儘管在 2018 年的整個年頭，美國不斷派人或用各種方式支援，仍舊無濟於事。

「公投入東奧」只是以「分期付款」式的正名運動；人人心裡明白，何況彭明敏、李登輝、高俊明等等諸賢達都參與，具有代表台灣之意義，但蔡總統選擇「劃清界線」。蔡總統選擇「維持現狀」，以「中華民國（台灣）」為共識；但堅持「中華民國」是將台灣推入「中國內戰」體制，使中共的中國有侵略的藉口，謂之「統一」。終究必須是「台灣共識」，必要「台灣認同宣言」。

話說回來，10 月 20 日的喜樂島聯盟的集會為台灣正名，而身為國會議員的立法委員也不敢站出來，是接受黨魁之命，還是接受總統之命？或是兩者皆是？總統也應辭掉黨主席，如上文所示，已有前車之鑑。

又上文說過，現行體制是總統制，國會監督並制衡總統權力是其職權，希不至於像 1789 年法國大革命，先打倒國會（assembly）。更何況是「四不像」的國會，一部分代表台灣，一撮人代表敵國！唯有及時制憲，沒有猶豫的空間。

（本文撰寫於 2020 年 7 月 6 日；刊載於《民報》電子報，2020 年 7 月 9 日。）

# 是「紓壓式的旅遊」而不是「報復性的旅遊」

近年來，電視媒體甚至政治人物在公眾場所對事物的陳述，用詞孟浪，實令人難以忍受。

各行各業因工作性質不同在心理上的壓力程度不同，有的為舒緩壓力，選擇聽音樂、觀劇、或旅遊，但有許多人選擇到國外旅遊。所以到國外，原因各有不同，但大部分人的體驗，國外的旅遊、住宿、車費與飲食種類等等因素，比國內便宜。尤其是旅館、民宿比國外昂貴，品質亦遜一等。還有外國旅館內的飯食有時比國內的民宿方便又便宜。國內的交通工具也不見得能順暢的接續，故造成一有放假選擇出國旅遊。筆者與家人赴日本，也有過這經驗。

目前因武漢肺炎，許多人不能出國，只能選擇在國內；這有一好處，即在過去教育上對自己生長的土地缺乏認識，而乘此機會認同自己的母親——台灣大地。但可惜的是：是否因此刺激本地旅遊業的改進？目前民眾的抱怨，其實是一個檢討與改進的機會。尤其是住宿方面的價格問題。一家五口同時出遊，負擔就重了。

　　話說回來，對於上述對媒體與公眾人物指出用詞孟浪，最重要的是國內旅遊稱作「報復性旅遊」。試問：對誰報復？應該訂正為「舒解壓力的旅遊」或「舒壓性旅遊」。這主要是需舒緩身心的壓力。難道一個醫生要治療一個患者的精神壓力、心理緊張，也要說是「報復性的治療」嗎？

　　再舉一個例子，有一位優秀學生將其筆記、讀書方法提供其他學生參考，依照我們的習俗都稱之為一位「秀才」（日本也與台灣用同樣的稱呼來讚美），但電視廣播竟稱作「學霸」。「霸」字的用語是高雅的嗎？霸凌、霸狼、惡霸等等用語是貶詞，並非贊語。我學識淺陋、寡聞，不知其由來。

　　東亞用漢字的國家甚多，現在用字最粗俗、用詞不當的是中國大陸的中共政權，我逐字讀過習近平在「中共十九大」的四萬一千字報告全文，看出習與其集團繼承毛的粗鄙與習本身的淺陋，漢字文化在中國大陸已經墮落；在「政治掛帥」下「有學者為無學者所欺」，就得讀中國共產黨那一套訓示和文告。天可憐見！總之，台灣識字者，不要把中共那一套八股搬到台灣來。讓台灣保存漢字文化，不管是學北亞遊牧民族史或其他地域的文明史者，來台灣學漢文可以使用漢字保存的文獻，嘉惠各國的研究者。

（本文撰寫於 2021 年 1 月 19 日晨；刊載於《民報》電子報，2021 年 1 月 19 日。）

# ・轉型正義・

# 被偽證判的罪，怎麼關他？
# 在歷史見證下，要求有個交代

　　台灣「被光復」後，我還是少年，已經被迫體會到「白天進法院是需提燈籠的⋯⋯」前總統陳水扁目前是保外就醫，被剝奪人身自由。對陳案的處理，輿論期待特赦。問題是檢調單位赴日本強迫辜仲諒作偽證而定其罪，天下人沒有不知道的，如何掩人耳目，「將錯就錯」？

　　在帝王時代還有諫官可以彈劾，但在民主時代的台灣人還是被看作沒有市民權的「庶民」（老百姓），不得翻身，陳案即是如此（見證）。孫中山摒棄三權分立而要「五權」，徒設「監察院」，不是也毀在他徒子徒孫手裡？如今由陳案證明那是無用的「長物」。既然是以偽證定其罪，還有理由關他？檢調單位與法曹吃了案，光天化日之下作奸犯科，可以不被治罪？

　　陳水扁被囚禁時百般受虐待，也是眾人皆知的事情，尤其是反人道、以強光不分晝夜的照射，不僅要毀其身體，也要毀其神經與精神，企圖讓他生不如死，成為廢物。此等凶狠手段，若無

過去毒辣的政治體制撐腰是不敢如此囂張，幹出如此傷天害理的事。再說，用強光照射，這是「人道之罪」。（按：A 是「和平之罪」，B 是「戰爭之罪」，C 是「對人道之罪」。）對陳水扁用這樣恐怖主義手段的官與吏，可以不被起訴、定罪與免職？

二十世紀國際上有「人權宣言」、「聯合國憲章」與聯合國的「A 公約」與「B 公約」，這些公約中華民國都簽署了，而今陳案不只是司法界、也是法學界的恥辱。雖然台灣在表面上有政黨輪替，但陳案是「白色恐怖」與「國家恐怖主義」延續的案件。陳案也證明台灣不可能有如德國的「司法轉型正義」，除非發生革命。或有人以為我危言聳聽，但我以歷史家預做見證。說穿了，「白色恐怖」是在台灣境內中國人整肅台灣人的恐怖政策；做為「庶民（老百姓）」的台灣人一直不敢講出來，我仍舊要以歷史家的身分把它揭穿。讓假惺惺過日子的台灣人面對陽光！

（本文撰寫於 2017 年 5 月 20 日；刊載於《民報》電子報，2017年 5 月 20 日。）

# 兒童人權問題與決策、立法

蔡英文第一次選總統的時候，我已感到兒童人權問題嚴重，打罵教育與虐待兒童屢見不鮮，我便寫信並附送資料，其中包括台灣人權促進會成立不久印刷的「世界人權宣言」及當時要在 1988 年 12 月 4 日至 10 日的文宣寄給郭文彬，當時看到蔡英文的活動，郭隨從在側，故寄郭，希望轉交並作為文宣之用，但石沉大海。

2017 年 5 月 23 日（星期二）卓榮泰以民主進步黨副秘書長身分帶幾個人來訪，我又重提兒童人權問題，並贈予昔日台灣人權促進會的文宣；該文宣以 B4 紙張、雙面印刷、附有生動插圖，周邊有紫色框框，我珍視的保留已有 30 年。但受訪之後，民進黨仍舊不見回響。

今天即 2019 年 1 月 17 日報紙以「4 人輪打 1 歲半女娃，小媽媽拖屍衝夜唱」為題記載 17 歲的小媽媽等人虐待、打死 1 歲半的女嬰，電視媒體也一窩蜂的報導。這樣嚴重事情發生，要趕緊立法了。

但回溯既往，自 2012 年我的建言，迄今前後約經多少歲月，

犧牲多少兒童？做為一個知識分子，不提意見有昧良知，但若被視為要一官半職，則自取其辱！最近彭明敏、吳澧培、高俊明以及與我同窗的李遠哲四賢之受辱，「敬老尊賢」只是以往古典之掌故罷了！

（本文撰寫於 2019 年 1 月 18 日；刊載於《民報》電子報，2019 年 1 月 18 日。）

# 土地轉型正義
# 為當今迫切待解決的問題

（一）中國國民黨流亡政權來台，攜帶百萬軍民，要依賴台灣人供養，首先想到的策略就是就地取糧，故實施「三七五減租」與平均地權。但設置立法，並沒有考慮到台灣人的負擔。土地放領方面，並沒有全部放領給農民而變為黨產，換一句話說，地主的土地被掠奪而用「灌水」的股票、以及糧票、番薯券給地主。十斤的番薯領到手是六、七斤，去腐朽後剩兩、三斤，這是親身體會的事情。

（二）「三七五減租」與平均地權的由來

遠因自孫中山革命失敗，接收蘇聯共產黨的「第三國際」援助，成立黃埔軍校，黃埔軍校有國民黨與共產黨共治，共產黨員也可以加入國民黨，故可以有兩黨的黨籍（這也就是後來國民黨失敗，蔣介石不得不清黨的原因。目前黃埔軍校用來對台統戰，應以「台灣軍」精神取代。）

當時孫中山想要奪取廣東（當時還沒有陳炯明事件的發生，及事

變之前），黃埔軍校有了畢業生，即有了幹部，但沒有兵，「第三國際」指導孫中山沒收地主的土地，分給農民作號召，終於募得農民兵奪取廣東。

但根據研究明、清史而在國際上聞名的歷史家黃仁宇的研究：明、清與民初的社會呈停滯的農業社會，並沒有所謂地主與農民的階級對立（也不是後來毛澤東所主張的階級對立問題），故孫中山佔領廣東以後要強奪土地不易，故佃租減至 25%，這就是中國國民黨到台灣來實施「三七五減租」的原由。

以上關於「三七五減租」，至於「平均地權」，見於孫中山的「三民主義」，是基於共產黨主義之論述（按：參考「三民主義」中之「民生主義」篇），後起的毛澤東藉以用來搞亂中國社會。

（三）以上是國民黨政權在中國大陸土地政策的情形，但將其在中國大陸不能執行的政策搬來台灣。之所以得逞，是以佔領軍的強勢，以殖民地統治的政策，達到對人民掠奪的情形。台灣人的執政者也從來沒有檢討其政策、以及其執行的手段是否有「合理性」與「合法性」，其掠奪手段已在上文略有敘述。

台灣人的執政者應該瞭解先人土地經營的艱苦。台灣人的祖先自明末、清朝開墾荒地，篳路藍縷，從無到有，然後為政者追隨在後，不必代價，開始設衙門官廳收稅，此情形都有史籍為憑。台灣人的執政者應回想自己土地開拓的情形之艱難，不是以積極設

立苛稅辦法剝削民間作為執政之業績。並檢討設制、及制度之缺失。以下關於「平均地權」之設制。

（四）「平均地權」制度對台灣社會傷害之情形。

1. 平均地權並不考慮台灣社會之鰥、寡、孤、殘、疾、老、幼無力生產狀況

2. 其次，土地少許之自耕農，其耕地不在所居之行政區域內，竟然土地被徵收而未考慮人口多寡，應有多少土地才可養活一家（台大退休李教授之情形即其例，請參考李衣雲著，《邊緣的自由人》一書第 80 頁等。）

3. 對台灣全面性之傷害：「土改」改變了台灣社會的自然社會共同體。三代同堂、五代同堂因土地「共業」關係被徵收，而社會親緣關係變成疏離關係，有益外來政權的統治（郝柏村還曾經奢言「三代同堂」，不知因他們的統治而幻滅。）

4. 國民黨的「土改」掠奪，使台灣的中產階級沒落，再無力關懷社會。民進黨成立，支持民進黨，<u>但目前民進黨執政，仍看不到「土地轉型正義」，不知如何形容那種心情。</u>

（五）土地徵收後，剩餘土地的情形

1. 地主的土地被徵收後，遺留的土地經常是無法使用，比如小坡地不允耕植的護土、護林的保留地，石頭山而長不出草木，以及道路用地（已見上文）。而且地政機構多貪腐無能，土地分割不清而再三請願竟然不受理，或說是戰後土地基準點被無知的行政人員破壞等等，總是有推託之辭。我在大學時代經常到桃園、中壢交涉的對象是黃哲妙，今已死矣。

2. 不能使用地保留地，包括道路地在內，當時還被抽稅，老百姓再被剝一層皮。但今日尚有此情形。

3. 關於道路地問題：昔時曾到桃園、中壢之地政機構交涉，說是政府無錢可以徵收。過了幾年，理由變成「繼承道路」不徵收、不賠償。道路是眾人使用之地，眾人應該出錢租用，但政府從人民收稅，該稅用來徵收或給租金，應是合理的，但不然。

   如今，道路又劃格，收停車費，收入歸政府被視為當然，此合理否？

4. 王建煊以「高級外省人」之姿態管國家財政，不曾深入台灣社會瞭解實況，故連地主死後，原以道路地抵遺產稅的辦法加以變更，必先繳納遺留之現金，不足纔能用道路地抵稅。國家有必要處心積慮與人民爭財，必須連

生、死者都加以剝削然後快？

此不也是「土地轉型正義」問題？換言之，即土地政策發生公平正義問題，亟待國家解決。

（六）目前情形，地主為了生活不得不將道路地以公告價格之百分之十或百分之十五賣給建商，不足以付增值稅。執政者知之，可曾為公平與正義發聲？

（七）各級政府應編列預算事宜

原來各縣市政府應編列預算收購使用私有地，但怠於行事，少有所聞。或有編列預算，竟被議會刪除，議會竟然不代表人民謀福利，卻以人民為工具，作為政黨鬥爭之工具，孰可忍，孰不可忍！

（八）政府對私人土地之侵占公用，今國民黨的不當黨產已部分歸還國家，足以用來賠償民間，且應列為優先事項，以伸張土地轉型正義，維護憲法，保障人權。

（按：此文是 2019 年 12 月 6 日函某市長與 2021 年 1 月 10 日函監察院長之節文）

# 再談土地轉型正義之解決問題

　　戰後國民黨政府推動「土地改革」，具有壓制台灣社會中堅和領導階層的用意，直到現在，這些措施不公平的後果還在由地主家人和後代承受。台灣早期開墾，多由民間自主，備極艱辛，官府收稅，坐享其成。日治時期，地主階級為抵抗殖民惡政、爭取台人利益，出力極大，戰後又為台灣做了很大的犧牲，亟盼政府正視這個歷史的不正義，積極處理相關問題！

一、中國國民黨政府統治台灣，實行的土地政策，徵收地主可耕之地，留下田埂、不能開發的小坡地、以及作為道路之用地給地主。

一、要徵收未被收購的道路地是大眾在使用，應收歸國有，卻仍無償的剝削地主。地方政府甚至用來徵收停車費以營利，合情合理否。

一、又昔日徵收土地，僅付三分之一或一半價格，即實際只收購該筆土地之三分之一或一半。事擱數十年，散漫為治。今日地方政府如桃園者，硬指昔日是「協議價購」而欲以數十年時之價格徵收，卻不知「協議價購」辦法是十七年前所訂，

後訂之法不能強迫否定昔日政府與民間之約法。今欲如此收購，與豪強之豪奪無異。

一、國家有立法徵收辦法，但各級政府視若無睹，各地方議會亦不關照，不依照憲法編列預算，視被剝削為當然，社會失其公義，成為當今「土地正義」問題。

一、如上所述，私有地被政府充公使用，如道路地者，自從王建煊主財政，將歿者的遺產之現金先吸光，然後才以被公眾使用之土地抵稅；一反過去，即先以被公用無償之地，先抵繳稅收。雖然後者仍舊是剝削政策，但稍寬待。一個民選的政府，何必仍沿用從中國舶來的外來政權的殖民主義的統治方式，令人費解。

一、政府指定的保留地問題。被指定保留地，所有人皆無法使用，不應加以課稅。

一、政府考慮財源問題，民間能夠諒解。解決辦法：

  1. 以中國國民黨不當財產歸還國有，用以徵收補償財源之一。

  2. 可以抵遺產稅辦法，徵收作為國有，如前所述，即恢復王建煊前之舊制，平息民怨。按：已被公用之土地，依大法官解釋，政府應徵收。若以徵收作為繳納遺產稅，

試問需多出歲月讒能達到應有之「公用歸國有」之合理法則？政府不宜只以財源增肥為考量。

3. 可以與民間再商榷收購辦法。

4. 不管今後如何設制，政府各部門應切記目前是繼續在剝削人民，是面臨社會正義問題。必須要去解決。

（本文撰寫於 2021 年 10 月 21 日）

· 台灣與國家認同 ·

# 選舉與國家主權

*前言：本文原刊載於 1997 年冬《建國黨選舉手冊》，從文中可以看出當時台灣的國內、外情勢，以及美、中各國的政策與行動。*

## 一、 「主權獨立國家」是國家的生存條件

台灣要生存，必須要有外交關係；要有外交關係，必須是一個「主權獨立國家」。「主權獨立國家」是近代國家的標準型態；換句話說，近代國家等於「主權獨立國家」。當然，近代國家社會中也有半主權獨立國、附屬國，但是台灣要生存，必須是一個主權獨立國，才能參與國際社會，一面可以免受中國霸權的威脅，一方面可以在國際上爭取經貿的利益。

## 二、 何不要求中國放棄主張「政治實體」、「主權國家」？

中華民國於 1971 年在聯合國喪失「中國」的代表權，由「中華人民共和國」取代；所以在國際上提到中國，就是指「中華人民共和國」，這就是在台灣的人一旦出國而自稱「中國人」時，會被誤認作中國大陸人的原因。

中華民國退出聯合國後，蔣介石、蔣經國等統治集團仍舊堅持自稱是「中國」，所以在國際上逐漸孤立，不得不採取「政、經分離」的辦法，參與國際上競技、貿易等活動；否則經濟若跟著衰退，政權有全面崩潰的危機。

但實質上的一個國家卻不認為是國家，只以「經濟體」參與國際經貿談判或衛生組織、體育活動等等，又經常被拒於門外，損失國家利益，所以說國家承認是生存競爭的問題。這種生存的威脅，這些年來在生活上日漸迫近，似乎到了連自己的肌膚都能感受到的切膚之痛，但有人仍故意放話，說是不要以「政治實體」要求中國承認，或是要以「地球村」的概念取代主權國家的概念云云，企圖混淆視聽。這種作法是有意動搖台灣的國家基礎。試問若台灣能以「政經分離」的方式，或不主張「政治實體」（應該是說「主權獨立國家」）可以存立，為什麼中國（北京）要求中華民國放棄「政治實體」、「主權國家」，而其本身卻不放棄？為什麼在台灣有這樣主張的人，不叫中國也同樣放棄呢？

## 三、 「主權」分享的主張在外交上的挫折

1997 年 9 月，為參加巴拿馬召開的運河會議，李登輝過境美國時，受到種種限制，美國甚至明白要求不得有政治性的談話；而同樣一個時段，香港的「新總督」董建華卻能訪問美國，與美國的柯林頓總統會談；這就是國民黨政府主張中國的「主權」與北京分享，以致不受承認，沒有外交關係的緣故。

同樣這個會議，我們又看到聯合國秘書長害怕北京的抗議，不能與李登輝在巴拿馬同席，也是因為中國代表權的問題，不受承認的關係。這就是我們為什麼要主張獨立，建立台灣共和國，參加聯合國，成為國際社會中一個成員的主因；這也是建國黨的成員為了台灣生存不得不組黨的原因。

## 四、 冷戰時代的「政經分離」已經不合時宜：主權「分享」使中國感到威脅

也許有人要質疑：為什麼「政、經分離」的政策，在過去「冷戰時代」，台灣仍舊可以存活？此乃因冷戰時代，自由民主國家與共產主義國家壁壘分明，有集體防衛的力量對抗中國（北京）的侵略，譬如，我們與美國有《中美共同防禦條約》，以同盟關係共同對抗中國。

由於美國與台灣雙方目前沒有正式的外交關係，雖然因考慮台灣人民的安全，對台有《台灣關係法》但該法只是其國內法；美國為其利益，也可能在國際形勢變化時有所轉變。倘若台海發生衝突，而美國又不積極協助，台灣可能陷入險境。尤其到了「後冷戰時代」，美國與中國關係日深，與台灣又沒有同盟關係，在考慮外貿等利益下，美國也可能因領導人的改變而不履行被視為其國內法的《台灣關係法》，則台灣處境堪慮。雖然目前美國的政策尚不致出現急遽轉變，但我們必須爭取時間來謀出路──建立一個主權獨立的國家，稱作台灣共和國，就是我們的出路。

如果我們仍舊像國民黨政府一樣，主張分享中國的主權，中國共產黨若是內部不穩，在政權受到挑戰時，必為其爭中國「正統政權」而作困獸之鬥；若台灣是台灣而不自稱中國，我們就不必與之發生糾葛。也就是因為這樣，我們要建立我們的台灣共和國，為子孫永世的太平著想。

## 五、　「主權分享」不能加入聯合國，卻必須與中國展開殊死的外交戰

但或許有人又要問：如果我們依照國民黨政府主張「主權分享、治權分治」時，是否可以被認為是主權獨立國家而加入聯合國？當然，這是不可能的。

1971 年聯合國通過的 2758 決議案，已經以北京政權為中國的合法政府，且其政府為「中華民國」這個國家的代表；形勢比人強，已經不可能以中華民國之名「分享」中國的主權，且北京的外交行為已經有相當的改變。

在 1970、80 年代，北京採取強勢作風要左右國際社會的運作法則，不時顯出土包子的強樑行為，引起其他國家反感；但到了 90 年代，錢其琛擔任外交部長以後，充分利用其位居聯合國的優勢，以中國正統政權的身分，圍剿國民黨政府的外交政策。而國民黨政府的外交，受新黨及國民黨本身的僵化，加上民進黨

的妥協,無法真正面對現實(借國民黨的話,即「務實」),徹底改變國策;故只能處在挨打的局面,無法突破困境。

1996 總統選舉期間,中國用武力威脅、企圖吞併台灣不能得逞,馬上派遣黨、政、軍要員,傾巢而出,打外交戰。台灣選出民選總統後,世界各國本來期待台灣能獨立成為新國家,但 5 月 20 日總統就職宣言又提「統一」,使南非共和國沒有轉圜餘地,曼德拉只好宣布與中國建交而與台灣斷交。所以「主權分享」的主張,使台灣難以脫離中國的牽扯;中國只要循國際法用外交戰,就可置台灣於死地,使台灣要擴充國際生存空間倍加困難。因此,我們必須改變政策,走「一台一中」的路線,才有生存空間。

## 六、 中國已知道運用國際法與「近代國家」的概念,對付台灣各界「前近代」的主張

1997 年,台、中雙方的「外交戰」,更為緊張和刺激。這是如上文所說的,中國在去年飛彈發射後,重新評估國際形勢,認為利用國際法最有利,已經有「近代國家」政府的認知。

北京透過聯合國取得中國代表權地位,以這地位利用國際法圍堵中華民國;但要如此,則必須有國際法的知識。因此,北京在 1996 年 12 月 9 日召開國際法學習會,以盧松為講師,強制高幹參加;由江澤民領頭,李鵬、喬石、李瑞環、朱鎔基等都得參與。江澤民要求其幹部提高法律運作的能力,要以和平的姿態將

國際上的摩擦，循求法律的途徑解決，並警戒因缺乏國際法的知識而損及務實。不論政治、經濟、貿易、環境保護、資源、海洋開發等各層面，中國目前都非常留意國際法的效用。

從這一點看來，北京已經知道近代國家得用「近代」的處理方式。但我們看國民黨與新黨的政要卻停留在「前近代」的觀念，評論或處理當前的事務。

不僅如此，北京外交部有名的日本專家王毅（現任亞洲局長）也被派遣赴美國進修，以研究美、日、中的複雜關係。知道美國的事務能夠發揮對日、亞洲的外交影響，這是中國重視戰略研究的例子。

從以上看來，北京採「文明化」的手段對付中華民國，未來只有「一台一中」的辦法可以相應，不必因分享「中國」主權而大費氣力。

## 七、 認清「主權」與「獨立」的概念與目的

建國黨主張「主權獨立」的台灣共和國。首先關於主權，國家分有主權的「主權國」與主權受限制的「半主權國」，後者有從屬國等等；我們所要建立的是「主權國」。其次，對國家的另一種分類標準是：由外交能力的「獨立國」與沒有外交能力的「非獨立國」；由此來考驗「中華民國」，則有待商榷。所以我們所要建立的是「主權獨立的國家」，但許多人怕用「獨立」字眼，

或出於心術不正、或自貶自己的國格。所以我們必須說清楚，是要建立主權獨立的台灣共和國。

## 八、 以選舉進行國家主權運動，是告訴全世界「一台一中」對亞洲勢力均衡的功用

在「中華民國」名號之功能發生疑問時，我們可以用全民的意志來「變革改制」，爭取國際生存空間；我們必須對全世界表示，台灣及附屬島嶼不是中國的一部分。在南非宣布與中國建交時，國際媒體受北京蠱惑，以台灣為「叛亂的一省」；不過，這也是因為國民黨仍自稱「中國」才引起的困擾。

我們主張「台灣是台灣，中國是中國」，藉著公職選舉期間的密集文宣，使國際上更知道，台灣人民不願意接受中國的統治，台灣人民要用自己的力量建立一個獨立的國家，不與中國糾纏不清。台灣是一個「主權獨立國家」，有利亞洲的「勢力均衡」；若台灣被中國吞併，亞洲各國當會受霸權的威脅。所以台灣公職的選舉，不論是屬於地方性或中央級的選舉，都是對國外宣示台灣國家主權的良機。而在選舉結果獲得高投票率，正可以表達台灣人民的心聲，證明獨立建國是台灣人民的宿願。

（本文撰寫於 1997 年冬；原刊載於《建國黨選舉手冊》，另載於《民報》電子報，2019 年 7 月 9 日及《民報月刊》，2020 年 2月號，頁 35~37）

# 領導辛亥革命？最大的孫文神話

*孫文是近代中國政治史上的偉大人物，但一般認為「辛亥革命」是在孫文三民主義旗幟下集結的革命軍，以實力打倒清朝，這與事實相差甚遠。*

本文摘譯自佐藤慎一（Sato shinichi）教授編著《近代中國的思索者們》之〈總說〉，該書於 1998 年 12 月 10 日由日本大修書店出版。佐藤先生 1969 年畢業於東京大學法學部，編此書時任東京大學大學院人文社會系研究科教授，專攻近代中國思想史，著有《近代中國の知識人と文明》，東京大學出版繪，1996 年。

團結興中會等既存的革命團體在東京組成中國同盟會，是 1905 年的事情。揭櫫「排滿」（排斥滿洲族）與「共和」（共和制的即時樹立）為目標的中國同盟會，選出孫文為指導者。我們的記憶，與辛亥革命密不可分的是孫文這個名子。

## 武昌軍發起　與孫文戰略對立

辛亥革命是 1911 年 10 月 10 日在長江中游的大都市武昌發生軍隊蜂起為導火線，短期內擴大到全國，經 1912 年 1 月 1 日

中華民國建國，到 2 月 22 日清朝皇帝退位。我們動不動就認為辛亥革命是在孫文的三民主義旗幟下集結的革命軍，以實力打倒清朝的革命。但這印象是與辛亥革命的實態相差甚遠。

在長江中游軍隊蜂起，倒是與南方邊境地域動員秘密結社嘗試蜂起的孫文之邊境革命戰略對立，此時辛亥革命發生，孫文人在美國，看新聞報導才知道革命勃發。

革命在短期間能瀰漫全國，是結集在各省的諮議局（1909年清朝政府做為推進地方自治之一環而設置的，是事實上的地方議會）之立憲派的地方菁英，因害怕革命的失序蔓延，目的在預防暴力革命擴大，先發制人，因此各省對清朝宣布獨立。逼退清朝皇帝遜位的，是來自清朝最高實力者袁世凱的壓力，他已經接受約定，要當中華民國臨時大總統。

## 除去神話化　正確理解其思想

中國近代史上的人物，受各色各樣神話的粉飾。尤其辛亥革命是孫文思想的產物之孫文神話是最大宗。要這樣說，不是為貶低孫文。他是近代中國政治史上留下大足跡之人物，是不疑的事實，也因為如此，對他的思想與行動的意義要有正確的理解，必要剝去他神話的面紗。此事不只是對孫文，是適用登在本書《近代中國的思索者們》的大部分群像。

　　「排滿」與「共和」的目的，從在短期之內大致沒有流血而達成的這一點來說，辛亥革命是成功的。也正因這一點，成為中華民國體制的缺陷。在亞洲足以支持最早的共和體制的社會勢力，在革命中沒有培養出來。民國初期的政治混亂之中，大總統袁世凱漸漸強化獨裁體制，1916 年 1 月 1 日即皇帝之位，4 年前才成立的中華民國，被改作中華帝國。面臨國內外的反對，不久袁世凱取消帝制，同年 6 月憤死，但他死後，部下的軍閥各地自立，中國由袁世凱的實力勉強保住的統一喪失，陷入軍閥割據的分裂狀態。在分裂中，1917 年有短期間清朝皇帝的復辟。

（本文刊載於《民眾日報》，1999 年 3 月 17 日。）

# 台灣是移民社會？

# 落花生─認同與安堵

一般認為台灣社會是「移民社會」，但這一句話只能指十六世紀以來有歷史記載的一個現象，古早的人群定居──原居或移居──的情形，並不能概括在內。強調「移民社會」的另一用意是容忍與接納戰後人群入居的情形。

過度強調「移民社會」實不足取，猶如不斷強調人與土地的疏離而自始至終以「客」居的身分存在，不能成為「認同土地的主人」，甚至有時顛覆本土的利益而喪盡人間應有的道義。在東亞史上的西晉與南朝帝國，曾經不斷的採取「土斷政策」（即將暫時性的「白籍」戶籍，以居土為斷改作「黃籍」），以期落地生根。

移居，進而認同與本土化，本是很自然的事情，也是人間的道義，但對「中國人」來說何其難哉！終致動搖國本的國家主權。

（本文撰寫於 2013 年 12 月 23 日；刊載於《民報》，2013 年 12 月 28 日。曾以〈台灣是移民社會？〉為題另行刊載。）

# 向國人積極呼籲連署制定正式國歌——
# 建國 105 年的國家竟然沒有正式國歌

*我向國人積極呼籲連署，建議 2016 年的新國會，必須（一）迅速議決制定正式國歌；（二）並在有真正國歌之前凍結現行以中國國民黨「黨歌」冒充國歌之行為*

中華民國迄今已進入 105 年，竟然沒有正式國歌。所以能夠這樣，是「威權統制」的遺蹟到目前還殘留，故能以「黨歌」充當「國歌」而綁架國民的心靈而使之不敢抗拒；有的政黨竟然還以外來殖民者君臨態勢，視不唱此偽國歌者大逆不道，殊不知此行為之幼稚。

有關以中國國民黨的「黨歌」充作「國歌」之事，早有李筱峰教授、近有年輕學者蘇瑞鏘之論著詳加說明（見附錄），不遑多論。

簡單的說，該歌詞原本是 1924 年孫文在黃埔軍校的訓詞（成於何人之手已有專論），1928 年經戴季陶在中國國民黨中常會提議通過作為該黨的黨歌。翌年教育部訓令將該黨歌的詞、曲通行

各學校；1930 年該黨中常會通過以黨歌「代用」作國歌，當時的時評已認為是「一黨專制」的象徵。其後的演變在此不予贅述。但 1945 年舶來台灣。

由上文已經知道目前的「國歌」是「黨國時代」的「黨國之歌」，其劈頭就是「三民主義，吾黨所宗」。

有關前者「三民主義」本是中國國民黨的「政治綱領」，不應該要國民歌唱。但可笑的是該黨以外的新黨、親民黨把它當作聖典，喪失另立政黨的意義，而民進黨員仍照唱不諱，令人費解。

其次，有關「吾黨所宗」所指的黨，當然是中國國民黨，與新黨、親民黨何干？兩黨對該歌詞竟無異議，也是不可思議的事情。民進黨只避唱該句，其餘概括承受，也是阿 Q！就是說「吾黨所宗」不能「普遍化」作為各政黨的歌，甚至是國歌。

如果各政黨以為可以用分贓式的妥協將「吾黨」當作他們自己的黨，但和我們人民大眾無關。我們普羅被看作「國民」也好、「老百姓」也好，大多數不是黨員；黨員在芸芸大眾中只是少數，卻不能用他們「黨」的意識加在我們這些普羅大眾身上。

過去的政客與御用學者硬要將黨歌當作國歌，對「黨」字費盡心思，強作解人。如當時有「原子部長」之稱的張其昀（按，當時張其昀任教育部長）便是一例。曲學阿世，費盡工夫。

　　總之，2016 年新國會成立，茲鄭重要求每一位立法委員面對現實為國家建立制度以盡責。請立即議決制定正式國歌；其次，未制定國歌之前，請凍結現行「國歌」之唱誦，堅持國家應有之正常體制而不是旁門左道。

　　終結百年而無真正國歌的曠古未有之鬧劇，將為國會劃時代之成就。

## 【附錄】

### 文中提到人物之作品

1、 李筱峯，〈哈哈！唱黃埔軍校校訓變成台獨〉，《自由時報》，2004 年 6 月 19 日。

2、 蘇瑞鏘，〈從黨歌到國歌——中華民國國歌的歷史形成及其爭議〉，此文發表在台灣歷史學會創立 20 週年「殖民・再殖民・獨立自主」研討會。主辦單位：台灣歷史學會、台灣教授協會、吳三連台灣史料基金會。協辦單位：彭明敏文教基金會。2015 年 10 月 24 日、25 日。

（本文撰寫於 2016 年 2 月 13 日；刊載於《民報》電子報，2016 年 2 月 15 日。）

# 中華民族論非台灣國民主義的基礎

> 「中華民族」創造於何時何人？
> 台灣的國民主義是建立在
> 「台灣命運共同體」的基礎上

## 背景説明

清朝繼承明朝傳統的「天朝體制」，以大國之威對周邊國家用「冊封體制」、「朝貢貿易」居於東亞霸權盟主（hegemony）的地位，這就是歷史家所形容的「東亞的傳統國際秩序」。

但自西洋國家的海權伸張到東亞之後，經過鴉片戰爭（1940-1942 年），清朝這一套以「天朝」為中心而視世界各國與民族為落後的野蠻國家與民族的自我為中心體制，不但崩潰，而且無法自保。

另一方面，1648 年西洋結束三十年戰爭，訂立威斯特伐利亞條約（Westphalia treaty），彼此承認國家主權；從此，西方國家群建立的一套國際秩序與國際法，隨著西方國家勢力擴張到東方。自鴉片戰爭戰敗後所訂的合約，清帝國屢經反覆，再度發生多起的戰爭。終於不得不順從「西洋型的近代國家體制」。

舉例來說，1874 年琉球人因船難，漂泊到台灣被原住民殺害（即「牡丹社事件」），日本明治的維新政府要求清朝賠償，清廷指為「化外之地」，日本以美國人李仙德為顧問，向日本建議出兵，這件事是日本學到「近代國家」的「領土」概念，不構成對清朝這個國家的領土侵略。

話說回來，從西方建立起的國際關係與國際法，東方的國家如日本，最努力學習。清朝不得不自 1860 年代初開始「洋務運動」，但守舊派的掣肘，1895 年的甲午戰爭，證明該運動的失敗。這個教訓，1898 年光緒皇帝下詔變法，但慈禧太后發動政變，終歸失敗。主張變法之士或被處刑，或流亡；梁啟超乘日本軍艦亡命日本。

## 以「中國」為國號

梁啟超在 1898 年流亡日本，他和許多留學日本的學生一樣，感到中國各王朝有其稱號，或稱秦、漢……明、清，但無國號。

早在梁啟超流亡日本的前十年，即 1888 年，那珂通世以漢文撰寫的《支那通史》卷首已經出版，在其序言中就指出中國無國號問題，所以他的著作只好以「支那」來統稱。諒當時日本學者的作品，也啟蒙梁啟超以及旅日的中國人。[1]

---

[1] 那珂通世（1851-1908）編，《支那通史》，（東京：中央堂，1888 年 9 月 8 日出版，同年 12 月 25 日校勘再版），卷一。此卷一〈首篇　總論〉開頭就說：「支那帝國，又名大清國（中略），其地屢經朝家之興亡，國號隨便，無一定

　　然而筆者為了行文的方便，在前文用中國或中國人之稱號，實際上在法制上成立，是要到 1912 年中華民國成立的時候。但「中國」一詞是正式國號的簡稱；此從 1971 年中華民國在聯合國已不能代表中國之文獻，即聯合國第 2758 號決議文可以為證。[2]總之，要有國號是接受西方近代的觀念和制度。

---

之稱。國人自稱曰中國，蓋以為居天下之中也。又曰華、或曰華夏，猶言文明之邦也。此皆對夷狄之稱而非國名也。大清者，今代之國號，即所以別於前朝也。與外國相對亦用此稱。外人蓋謂之支那，此非國人所自名。昔秦皇帝威震四夷，故西北諸國遂呼其地曰秦，後轉為支那也。」（按：接著提到漢、唐之世）「稱其民曰漢人、或曰唐人。」

[2] 聯合國代表權問題。1971 年 10 月 25 日聯合國大會表決是「中華民國」或「中華人民共和國」為「中國」的正式代表；大會的第 2758 號決議文，承認「中華人民共和國」為「中國」的代表。今擇錄一段作為說明：

Recognizing that the representatives of the Government of the People's Republic of China are the only lawful representatives of China to the United Nations…

Decides to restore all its rights to the People's Republic of China and to recognize the representatives of its Government as the only legitimate representatives of China to the United Nations, and to expel forthwith the representatives of Chiang Kai-shek from the place which they unlawfully occupy at the United Nations and in all the organizations related to it.

其譯文如下：

承認中華人民共和國政府的代表是中國在聯合國組織的唯一合法代表，……。

決定：恢復中華人民共和國的一切權利，承認她的政府的代表為中國在聯合國組織的唯一合法代表並立即把蔣介石的代表從她在聯合國組織及其所屬一切機構中所非法佔據的席位上驅逐出去。

從以上的表決文，很清楚的說明「中國」一詞即是「國號」，我人不必取以自擾。台灣是自由民主政體的國家，以台灣做為國號是世界已承認的事實，問題在行政當局沒有正式宣言能促使「事實的國家」成為「法理的國家」。澳洲雪梨大學的副教授 Salvatore Babones 專攻社會學、社會政策，曾在 *Foreign Affairs* 的網站公佈一文："Taipei's Name Game—It's Time to Let Taiwan Be Taiwan," 應該用自己的名字「台灣」，主張台灣當局發表「台灣認同宣言」；即使一時沒有許多國家與台灣建交，但會有許多國家與台灣交流。此

## 梁啟超創造「中華民族」一詞

梁啟超主張以「中國」為國號，那麼這個國家的「民族」如何稱呼？梁在 1901 年提出「中國民族」，翌年改稱「中華民族」，而以黃帝為始祖神，脫不了傳說與五行的概念。

當時的「近代國家」觀是「一民族一國家」的觀念，那時的大和民族的歷史經驗被認為合乎「一民族一國家」的觀念（按：現在不以為然）；或許梁因此受到日本啟示，主張以黃帝為始祖，而中華民族等於漢族。

根據狹間直樹教授的研究，將梁的思想分為四期，第一期（1890-1898）主張世界主義，受其老師康有為大同主義的影響；第二期（1898-1912）、第三期（1912-1920）都是主張「國家主義」，

文在日文版的《Foreign Affairs Report》（2017 年 2 月號）將譯文刊出，題作〈中華民国という名称を捨て、台湾アイデンティティの宣言を一「一つの中国」のジレンマを解く〉，附題已明白表示應從「一個中國」的矛盾解放出來。如果如此的話，讀者不難想像台灣會在內政與外交豁然開朗，提供給自己開明改革的條件。

又，日本李登輝之友會（原名：日本李登輝友の会）之事務局長柚原正敬在 2018 年 5 月號的《Will》（月刊）發表〈国名は台湾でいい一李登輝〉（暫譯：國名用台灣就好一李登輝）一文，明言中國與中華民國憲法本來與台灣無關，應解決與中國的特殊狀態，脫卻中華民國體制；改國名作台灣，並制訂新憲法（不是「修憲」），用台灣的名義走向世界。該文內容豐富，不能一一介紹，但與上文介紹澳洲學者主張「台灣認同宣言」如出一轍。美國及世界各國用台灣稱呼，不用中華民國；這是世界潮流，唯台灣國內曖昧，「易欺而難悟」。上舉聯合國表決問題，如欲知 1970、1971 年的鬥爭過程及對日後之影響，可參考筆者，〈民族主義與國家認同〉，《生死存亡年代的台灣》，（台北：稻鄉出版社，1989 年 2 月），頁 187-201。

第四期（1920-1929）又回歸到世界主義，這是一方面看到德國的戰敗，[3]一方面是因為中國的知識分子到年老又回歸到中國傳統的思維的一個典型。

所言國家主義是 nationalism 思想之一，nationalism 又可以譯作民族主義、國民主義；即三個流派的意涵不同。國家主義簡單說是國家至上主義。但梁的中華民族等於漢族，與歷史發展的事實不符。

## 孫文的「中華民族」論的演繹

孫文主張「民族主義」就是「國族主義」，他瞭解「哪遜」（筆者按，即 nation）有兩種解釋，一是民族，一是國家。對於字義的解釋，孫文是瞭解的。

他認為「中國自秦漢而後，都是一個民族造成一個國家」，但是中國史上的五胡國家、北朝和遼、金、元、清是否是「一個民族造成一個國家」？

孫文有一段話，認為中國的民族總數是四萬萬人，其中「參雜」蒙古人、滿洲人、西藏人、突厥人，「外來的總數，不過一千萬人。所以就大多數說，四萬萬中國人，可以說完全是漢人。」

---

3　參考狹間直樹編《共同研究　梁啟超—西洋近代思想受容と明治日本》（東京：みすず書房，1999 年 11 月 10 日）。尤其關於梁啟超思想之分期，參考狹間直樹教授所寫的〈序文〉。

孫文竟然無視歷史事實，而公然抹殺其他民族。接著孫文又說，是「同一血統，同一言語文字，同一宗教，同一習慣，完全是一個民族。」

這是孫文所捏造的「神話」，說是：「完全是一個民族」。而孫文另外在其「民族主義」第一講，認為元朝的蒙古人、清朝的滿洲人被「漢族」所同化。而「漢化」的「同化」（assimilation）是建立在「吸收理論」（absorption theory）。這是抹殺其他民族的理論；既然在他的論述中指「蒙古民族」、「滿洲民族」為民族，何以不是共存的民族？如橫山宏章教授所指出的，孫文是反對「五族共和」，只有他為大總統的短暫時間迫於形勢，不得不主張五族共和。[4]其思想被中國國民黨、中國共產黨所繼承，既是今

---

4 參考橫山宏章（Yokogama Hiroaki）著《中国の異民族支配》，（東京：集英社，2009 年 2 月 22 日）。

　辛亥革命發生，強調「排滿」、「華夷之辨」，即「漢民族單獨建國主義」，當時十八省紛紛宣布獨立，脫離清朝，強調由十八省成立國家。但黑龍江、吉林、奉天、新疆四個行省以及內蒙、外蒙、西藏等廣大區域是「外部」，不包括在內。不但有「十八星旗」。四川軍政府還鑄造「漢十八星壹圓銀幣」，標示中華民國元年。（台灣人應留意的是：台灣不被當時的中國認為是中國的領土，故當時不被列入討論。）

　但十八省有一省取消獨立，由十七省的代表聚集在上海成立「各省都督府代表連合會」，摸索成立新的中國政府。「連合會」統稱為「立憲派」，成為主流；「革命派」的孫文在 12 月纔回國，12 月 25 日始參與，大勢由「連合會」主導。雖然翌年的 1912 年 1 月 1 日成立中華民國，以孫文為臨時大總統，祇能接受「連合會」的「大一統」主張，即「五族共和」。

　「五族共和」是漢、滿、蒙、回、藏的五族為一體共同建設共和國，即「五族共和」論。當時的楊度使用「五族立國」、「五族一家」（見橫山，第 94 頁）。孫文嫌惡「五族平等共和」，認為其他民族應被漢族「同化」，即「漢化」；漢族對其他民族是「主從關係」（橫山，第 105 頁）。

日的中國「滅其族、滅其文」的政策。

　　孫文主張民族是「自然形成的」，而國家的形成不同。但「中華民族」是「人為的」；在創造期間台灣在日本統治下，故與台灣無關，主要是二次世界大戰後由中國大陸的「舶來品」。至於孫文，在台灣被日本統治時要求日本在台的總督協助他推翻滿清。這樣來做客的人，與台灣社會毫無關係，竟然被尊為「國父」。這種外來殖民地統治的體制，不能不打倒，也不能不追究責任。

圖1：四川軍政府造「漢十八星壹圓銀幣」中華民國元年（1912）
資料來源：橫山宏章，《中国の異民族支配》，（東京：集英社，2009），
　　　　頁85。

---

此另可參考筆者著《中華民族論的演變》，原載《台灣風物》，60：4（台北，2010.12）（「60週年專刊」）；另有筆者自出資印製的「單行本」。
今日中國的習近平要維吾爾、圖博族「中國化」，實際上是「中國共產黨化」，即遵從該國憲法及「中共十九大」的「毛澤東思想」「馬克思列寧主義」。中國所屬行的是民族滅絕（genocide）政策。

左上圖 2 為「十八星旗」，排除異民族，漢民族（十八省）中心主義。

上圖 3 為「五色旗」，各民族平等，五族共和（大一統）。

左圖 4 為「青天白日旗」，國民黨訓導各民族形成的「中華民族」共和國。

資料來源：橫山宏章，《中国の異民族支配》，（東京：集英社，2009）。

## 中共的中國民族主義

最後簡述「中華人民共和國」的民族主義特色。

一、該國主張有 56 個民族，除漢族外有 55 個「少數民族」；後者被稱為「少數」，即是歧視的用語。

一、「少數」之中，有台灣的「高山族」，但從其建國以來未曾統治台灣，而竟然列其中，目的在統戰。

一、該國憲法明記反對「大民族主義」、「大漢族主義」。目前對維吾爾、圖博（Tibet）等民族，正在消滅其文化和實施種族滅絕（genocide）政策，已是眾所周知的事情。實際上其統

治是「大漢族主義」。

一、 該國憲法明記反對「地方民族主義」。但維吾爾族是屬於伊
　　 斯蘭文明圈、圖博族屬於印度文明圈、蒙古族屬於北亞的內
　　 陸亞文明圈；而在歷史上都有其國家，並非以「地方民族主
　　 義」可以稱之。

一、 對於所謂「中華民族」認為是「多元一體」的；從血緣、文
　　 化、宗教、生產方式、社會習慣及民族認同，是多元、多體，
　　 並非一體。

## 結語

　　梁啟超、孫文、中國國民黨、中國共產黨所主張的民族主義，
都不適合台灣。很清楚的所謂「中華民族」對台灣來說是「舶來
品」，水土不服。

　　Nationalism 一詞的翻譯有三種：即國家主義、民族主義與國
民主義。

　　**台灣所要的是國民主義**，即「開放的」nationalsim；即重視
國民的人權、自由、民主、法治等因素。**經過幾個世紀長遠的時
間演變過程，使台、澎等地域在地緣上與政治上自然成為一體**；
自然鑄成的「內聚力」在自然演變已劃定的「領域範圍」，共同
自覺是「命運共同體」；藉此共同營造一個國家也是極其自然，

**而且是當然的事情，這就是台灣國民主義形成的條件與過程。**總之，藉此共同營造一個國家，進而對人類文明的貢獻。但此有別於「封閉的」nationalism 之過度強調單一血緣（人種、血統）以及祖先土地的根，而以國家的「暴力裝置」強化它的「封閉性」，迫害人間社會之自然和諧關係。很顯然的，當今中國即是如此。

# 【參考著作】

1. 〈中華民族論的演變〉,《台灣風物》,60：4（2010.12）。另有單行本。

2. 〈中國之意義─古今意義不同,進入近代始作為國號〉,收入氏著《中國現狀與歷史問題》,台北：現代學術研究基金會,2019,頁 13-22。

3. 〈「中華」之意涵─從唐高宗的「以中華之無質,尋求印度之真文」談起〉,收入氏著《中國現狀與歷史問題》,台北：現代學術研究基金會,2019,頁 23-26。

4. 關於 nationalism。

nationalism 是早在十八世紀以前在歐洲與美國萌芽,以後很快的傳播到世界。二十世紀後半起成為普遍的意識形態。

nationalism 以國家形成為至上目的。民族獨立與國家形成有不可分的關係。但是 nationalism 的演變在時間上是世紀性的,在地域上全世界有眾多的民族,各有不同的歷史上之文化傳統（民族、宗教、語言）等,以及社會構造存在,所以 nationalism 成立的條件不同,而不能一言以概之。

研究者因各地域（包括歷史、文化、社會結構）的研究對象而有不同的主張。但各 nationalism 有共同性（普遍性）的

原理，但各有因上述各地域條件而有其「特殊性」。歷史研究者不能忽略其「歷史發展的特殊條件」和該民族建構國家時的主張。因此對 nationalism 的翻譯因意義而不同。

丸山真男教授將 nationalism 分別譯作國家主義、民族主義和國民主義，已在上文提過；已經被日本學界普遍的採用。茲參考《大辭泉》的簡介，比較容易瞭解，說明如下。

(1)　國家主義。將國家視為最高價值，是人類社會最高的組織。國家有絕對性的優越地位，凌駕個人之上。

(2)　民族主義。對民族的存在、獨立與利益為優先，不僅要確保而且要能增進。這樣的思想與行動稱為民族主義。但其極端的發展變成國家主義。

民族主義，又稱為國族主義，
孫文的三民主義中，主張民族主義，又稱為國族主義，強調單一血緣，已在前文說過。

(3)　國民主義。主張尊重國民的人權與自由，在民主的前提下建立國家，這樣的思想與運動稱為國民主義。

總歸一句話，nationalism 的究極目的是：為國家與民族的統一、獨立與繁榮的思想與運動。但上述國家主義與民族主義的詮釋，不難看出第二次世界大戰慘痛教訓之意涵。台灣人也嘗過日本軍國主義的滋味。又筆者在本文指稱「封閉的」民族

主義強調血緣關係之不宜取，其流弊已見希特勒之民族淨化政策。今日人類之危機是習近平的中國實施種族滅絕（genocide）政策，已在上文敘述。

最後關於「開放的」民族主義，並不是忽略歷史文化的傳承，如血統、語言、宗教、風俗習慣等等，台灣是多族群的國家，不宜特別強調血緣因素，因此適合的是上述國民主義的詮釋。

（本文應康寧祥先生之邀談，寫於 2018 年秋冬之際。刊載於《民報》電子報，2021 年 4 月 23 日。）

# 總統就職典禮儀式問題之商榷

　　蔡總統此次大選之蟬聯，謹表恭賀之外，對就職儀式，應捨去慣例，以示隨新時代來臨，亦示以新政之端倪。故總統宣示時，應撤去所謂「國父」遺像以及「總理遺囑」，而是面對國民宣示；其理由如下：

一、　從台灣人的立場而論：「國父」等稱是 1945 年新佔領體制下，從中國的舶來貨，對台灣之社會與政治無關，亦無貢獻。

二、　從中國歷史方面來說：

　　（一）　辛亥革命與孫無關。[1]

　　（二）　孫文的民族主義是「種族主義」，渠是「漢族沙文主義者」，反對五族共和；祇因被推為「臨時大總統」；不得不遵從眾議而一時倡「五族共和」。其後，在黨幹部訓練時，強烈反對「五族共和」、民族平等；唯

---

[1] 參考鄭欽仁，〈領導辛亥革命？最大的孫文神話〉，《民眾日報》，1999 年 3 月 17 日。另見本書第 99 頁。

有漢族可以執政。（此點被蔣介石、毛澤東與習近平等承襲），故不可取。[2]

三、 對當前台灣之負面影響：

（一） 孫文接受共產第三國際之援助，成立黃埔軍校。

（二） 黃埔軍校是國民黨與共產黨共治。共產黨員可以入籍國民黨，即持有雙重黨籍。

這就是今天在台灣，中國利用黃埔出身者搞校友會，或拉攏到中國參加慶典等等原因。

黃埔出身者又在台倡「國共一家親」、「國軍與共軍都是中國軍」，以瓦解軍心。此等舊式軍人藉其資深，在軍中倡「黃埔精神」而不是「鳳山精神」或「台灣軍精神」（台灣軍一詞是有典故的）。

總之，基於以上之陳述，如果不從根本著手，棄「孫文主義」，使軍隊完成「國家化」，對台灣這個國家是危險的。

（三） 再說，黃埔軍校在 1924 年有第一屆畢業生而成立「教導團」；翌年 4 月改稱「黨軍」。故目前台灣的軍隊仍有黃埔與國民黨的影子在作祟；國民黨有「黃復興黨

---

2 參考鄭欽仁，《中國現狀與歷史問題》（台北：稻鄉出版社，2020），下篇。

部」與軍中「政工」牽掛；他們「不反共」而以「反台獨」為藉口；目的在使台灣「去國家化」。

四、蔡總統數年來重視軍隊，固然重要。但軍方與情治單位每逢對敵人的中國，言行遜色，自行轉彎，從電視上便屢見不鮮。其弊已如上述，故希望在國際社會已認同台灣時，適時變革改制。

總之，今為國家長久之計，乘總統就職典禮之機會，不論是明示或暗示「新時代已經來臨」，拋棄中國國民黨一系列殘存的舊體制，故重申就職典禮改制之必要性。

但若就職後，議論紛紛。就由學術界來承擔，本人願負其責。

## 【附記】

本文於 2020 年 5 月 13 日夜，確認寄至總統府秘書長陳菊處。

（本文撰寫於 2020 年 5 月 13 日；刊載於《民報》電子報，2020 年 6 月 15 日。）

# 德國 BNT 疫苗的買賣，幫助中國 帝國主義圈定「勢力範圍」

## （一）

中國播散的「武漢肺炎」禍害全球，德國 BNT 疫苗被認定是一種預防的疫苗。但德國 BNT 疫苗對澳門、香港、台灣等地的疫苗買賣，竟然授權給中國「上海復星醫藥集團」。

此行為不但構成全球疫情擴散的圍堵與捕滅速度的減緩，也幫助向全國全球擴散流行病毒的中國「**以疫謀富**」發了大財。

其次，復星集團背後是國台辦在指揮，阻擋台灣取得疫苗，該行為不論是對台灣人和在台灣認同習近平政權的中國人，發動「生化戰」企圖達成「**以疫謀統**」與「**以疫謀霸**」的目的，當然不會把在台的中國人的生命看在眼裡。

## （二）

說到這裡，暫且先回溯台、中交涉的窗口問題。台灣的陸委會、海基會是當時李登輝總統突破國民黨的禁忌，先設立對

中國的窗口，促成中共政權不得不跟進，設立國台辦與海協會。雙方設置的目的，不是處理政治性的問題，而是處理台、中之間的事務性問題，例如大陸人思鄉，鼓動探親、返鄉定居，或罪犯引渡等等問題，皆是事務性的問題。

但是中國國民黨是從中國「舶來」的政黨，蔣介石的「反共親美」政策因「人亡政息」，而現在的中國國民黨受到中國共產黨的引誘、收買已經是長久以來的情形，其高層的「利權」早已不能撼動，故製造「九二共識」、「一中各表」作為長期性的一貫政策，企圖從本來是事務性的處理方針硬要導向政治談判，造成數十年來台灣國內的紛擾。

「九二共識」的解釋自從馬英九時代不論洪秀柱、吳敦義、朱立倫與黃復興黨部等，都早已自動放棄解釋的主導權，隨手舉一個例子，洪秀柱說：「不能說中華民國的存在」（見 2015 年 7 月 3 日的《自由時報》）；更早在 2005 年 4 月，連戰以中國國民黨主席身份去見胡錦濤，公開說要「聯共制台」。

現在的中國國民黨主席江啟臣對沒有國內市場的「九二共識」想修正說法，但是立即受到馬英九的掣肘。國台辦公然批評江啟臣，謂「九二共識」的核心是一個中國，不得曖昧，也不允許改變。中國國民黨已經成為中國共產黨對台灣施壓的工具。在

這種情況下，台灣人應該覺醒，趕快退出中國的國民黨，不要成為漢奸、賣台集團的成員。

目前國民黨要強迫政府經過「上海復星醫藥集團」才能取得 BNT 疫苗，**就是逼台灣成為中國「附庸」的陰謀詭計**，台灣人不需要自甘墮落，予以附會。

（三）

話說回來，中國阻擋德國的 BNT 疫苗賣給台灣，國台辦宣傳台灣政府不顧台灣人民的死活。如上所說的，德國的 B NT 疫苗對台、港、澳的買賣要受制於上海復星集團，顯然自由民主國家已經陷入中國設定的「大中華勢力圈」，為虎作倀。換一句話說，就是幫助中國或者承認中國劃定的「勢力範圍」，用現在中國的常用語言是「核心利益」或是「戰略邊疆」。

**台灣民族不是「中華民族」**；目前被列入中華民族的維吾爾族民族、圖博民族、蒙古民族等，其民族與固有文化正面臨消滅（genocide）。西方民主國家應該糾正因為蔣介石集團佔領台灣所造成的陳腐觀念，即在心理上還存在台灣是中國的一部分的觀念。台灣不屬於中國。

**台灣就是台灣！**

（本文撰寫於 2021 年 6 月 25 日；刊載於《民報》電子報，2021 年 6 月 26 日。）

·台灣戰略與外交·

# 裏海的怪物──國防部與交通部應該合作發展的新運輸工具

【緣由】*台灣是一個島國，海岸線雖然長，但能登陸的地方有限。中國發展「水面飛行艇」已不知多少年；秘密武器用以斬首、突襲戰對台灣是一項重大威脅。今年（2015）10 月 15 日「中天電視」對該船曾經報導，接著同月 20 日「東森電視」再度報導此事。*

*本文是 2001 年向當時的總統陳水扁提出的建議文；有鑑於中國追求霸權日亟，對周邊國家所在引起紛爭，台灣勢不能免於被侵略。茲將該文披露，提供國人為建軍參考。（2015 年 11 月）*

台灣是一個島嶼，海岸線長，但能登陸的地方少，第二次世界大戰期間美軍之所以沒有選擇台灣登陸，也與此有關。加上台灣海峽的天險，一年長期間風力在六級以上，難於渡航，有利於保障台灣的安全；這是上天眷顧台灣的地方。但由於科技的發達，有若干現象威脅台灣，如果只限制在登陸的問題考慮的話，「水面飛行艇」的出現，就是其中一種威脅，目前中國正在加緊發展中。

「水面飛行艇」,一稱「飛翼船」,被形容為「怪鳥艇」或「裏海的怪物」(Caspian Sea Monster)。日本名作家深田祐介(Fukada, Yusuke)和鳥取大學教授久保昇三(Kubo, Syozo)曾經針對這個問題討論;前者曾赴裏海探訪,後者是這種飛行艇的專家。兩者的對話刊載於日文的雙週刊《Sapio》(2000 年 6 月 14 日出版),題為〈「怪鳥艇」是中國為侵攻台灣的秘密兵器?〉。在討論「水面飛行艇」之前,作者先比較台、中軍事上的優劣。

中國要以飛機、飛彈與潛艇攻佔台灣是不可能的。就以空軍來說,電波兵器、電子機器方面台灣居壓倒性的優勢;中國空軍若以一百架飛機來襲,可以以地對空飛彈加以全部擊落;若是空對空飛彈,也是台灣佔優勢。自衛隊的某校級軍官認為,若以空軍對台灣空襲,中國的空軍會被摧毀。

若從海上登陸台灣,也是不可能的。台灣有標高 4,000 公尺的中央山脈,山腹中有雷達網,由高處向下監視台灣海峽,艦艇來到相當的範圍就能探知。台灣海峽寬 200 公里,水深只有 100 公尺,潛艇難於行駛。

中國若以中子彈攻擊,必遭國際上強烈的譴責,而且台灣一旦報復,中國大陸沿岸的都市將崩潰,屆時外資撤退,中國經濟瀕臨破產。

如果有可能攻台的秘密武器，說不定就是前蘇聯開發出來的「裏海的怪物」，即「水面飛行艇」之一種。

「奧陸利澳諾克」（意譯「鷲之子」），被稱作「裏海的怪物」，是指 1986 年蘇聯的裏海艦隊，有實戰配備、強襲登陸用的水面飛行艇。

該艦全長 58 公尺，寬 13.1 公尺，高 5.16 公尺，離陸時的總重量可達 140 噸，荷載量可以運輸軍事機器與 150 名士兵。飛行時，離水面 5~6 公尺，以時速 400 公里的猛速飛行，能在傾斜角度 3 度以內的平坦海岸登陸。登陸時，飛艇頭部能頓時打開，駛出兩輛比吉普車稍大的兵員運輸車。該艦所配屬的裏海海軍基地，現在在車臣共和國統治下。

另一型的水面飛行艇「魯尼號」更令人驚訝，它是對艦飛彈發射艇，重量 400 噸，幾乎可以與大型的噴射機匹敵，故比前者（「鷲之子」）還大。該艦有推進力 13.5 噸的引擎 8 個，配置在頭部，由前方看來猶如八目鰻。它的飛行時速高達 500 公里，在距水面上 5~6 公尺疾飛的同時能發射 6 枚飛彈。深田祐介以「鷲之子」與「魯尼號」為素材，寫出小說《怪鳥艇》。

這兩種艦艇，以「地面效果」來說，其應用範圍甚廣，可以用在沙漠上、水面上，甚至雪上。

接著作者討論蘇聯利用這種艦艇佈置防衛的情形，在此省略；其次，討論台海攻防的問題，以為中國若有 3 艘這種水面飛艇，足以構成對台灣的威脅。台灣憂慮的不是從台灣海峽方面來的侵略作戰，而是由太平洋方面的攻擊。台灣海峽方面有堅強的防衛，中國也知道，所以還是有可能自太平洋方面來的攻擊。

考量「鷲之子」的續航距離有 1,300 公里，足以繞道太平洋方面，尤其是有加油船的補給，更不成問題。中國一再設法向俄羅斯採購這一類船隻，但結果不詳。

這一篇文章曾指出中國對這類艦艇的開發不怎麼順利，但文章發表至今已有一年多，另外聽說中國積極開發已有相當成績，不能不注意。

這一篇文章也討論現代戰爭是電腦戰爭，但不能認為電腦略勝一籌就可以放心。久保昇三更認為以美國為中心的國家太過依賴高科技。中國人民解放軍是否還會用人海戰爭無以知之，但對方採取和我們不同構想的作戰方式時，是否能巧妙對應，實在難說。以越戰來說，使用高科技兵器的美國，結果是輸給用人海作戰的越共。這就是軍事複雜的地方，如果有人突出意表之外的想法、作法，結果就難說了。筆者很同意這種看法，並且憂慮軍隊一成不變的觀念；中共軍方在幾年前有《超現戰》一書的發表，其提出的概念，值得注意。（美、日方面已有譯本或舉行研討會）

話說回來，深田祐介進一步指出今天的自由主義諸國傾向於一旦軍事行動發生，絕對不能流血，連現在的俄羅斯也有這樣的傾向。但是中國人的想法只要領土能夠擴大，人死了也沒有關係；對於那樣的思想，台灣是不能不警惕的。

關於飛行艇的製造成本，一架高科技的戰鬥機費用，就可以生產許多小型的飛行艇；對於侵略的一方來說，即使損失三成，也有七成可以登陸；對於這種論調，不能不關切。

俄羅斯之外，韓國、中國也在開發，作者討論用在民需上；譬如韓國的釜山與日本的福岡之間，天津與漢城之間，台北與廈門之間，皆可以用飛行艇，而不一定用在軍需上。

作者的這種構想並非無稽之談。今年（2001）6 月 17 日朝日新聞報導日本的「國土交通省」決定再過幾年將採用官民合作開發的「超高速貨客船」（Technosuper line，簡稱 TSL）。這種船的行駛，以空氣使船體浮起來而噴水前進，想此即是上文所說的水面飛行艇或中國所稱的飛翼船。其最高時速 90 公里，為以往船速的兩倍；為考慮海上物流的速度與效率，自 80 年代後半起，以國家之力與造船公司共同研究，用實驗船不斷的重複測試。

其已規劃好的航線有三條，一是小笠原到首都圈，自 2004 年開始啟航；其他兩航線是 2005 年以後，即北海道到九州間，海外航線則由上海到日本，每一條航線所要的時間，大體減半。

小笠原航路的情形，總噸數是 15,000 噸，定員 700~800 人，也能搭載貨物，詳情見該記載，在此不多贅述。但筆者以為若用在軍需上，也很可觀。

考慮台灣的防衛，實有積極開發水面飛行艇的必要。台灣在低空防衛上有弱點，希望購買神盾艦而不可得。水面飛行艇不但是低空，而且速度快，不論是沙漠、水上、雪上都可以登陸；如此，對台灣而言，已不侷限於過去所能登陸的地點，故面臨嚴重的考驗。

據外國的報導，國內似已在研發，但必須爭取時間以增加國防的實力，政府可以考慮設法自外國購入數艘以供民需之用，又因保養技術進而可以提升自己的生產技術，故應責成國防部與交通部完成任務，以吻合趨勢之所需。

# 台灣和平中立與台日關係（對話）

12 月 14 日台灣和平中立大同盟舉辦「和平・中立・新台灣」講堂，由李明峻先生發表「台灣和平中立與台日關係」，立論平實，可供各方參考，筆者以「與談人」身分不擬重複介紹他的觀點，祇說幾點感想。

## 台日關係與國家安全

提到台日關係，目前雙方關係是最好的階段，譬如 12 月 11 日日本交流協會在國賓飯店舉辦的「平成二十六年度天皇誕生日祝賀接待會」，台灣民間各界踴躍參加給日本方面足夠的面子，馬政權的代表卻強調是自 2008 年以來的成就，簽訂了漁業協定。其實這是多年來台灣人民努力的成果，特別是在日本核災時台灣人的人道表現。

關於漁業問題，2010 年 10 月 5 日台灣安保協會舉辦「美日安保同盟五十年與台灣安全」國際研討會時，日本眾議員中谷元（Gen Nakatani，前日本防衛廳長官）公開表示：關於尖閣列島（釣魚台）問題，應「たなあげ」（束之高閣），至於捕魚問題，在舊金山和約前台灣漁船來往沒有問題，和約後成為問題。他回

國後擬向外務省（外交部）建議，因為這是「超黨派」問題。以此看來，釣魚台與漁業問題，早應解決，祇因馬政權在 2008 年成立後，採「疏離美日」與「親中政策」，故至今年（2014）漁業問題纔獲解決，未免嫌太遲。[1]

話說回來，今日台、日關係是最佳階段，由於人民的努力而由馬政權收割成果。

台日關係在雙方的國家安全保障上是唇齒關係，台灣在地緣政治上處於第一島鏈，日本有識之士認為台灣如果被中國掠奪，日本也可能亡國。

論及國家安全問題不能不提到美國。美日之間有同盟，但台灣與兩國沒有邦交。台灣安全問題依賴美國的《台灣關係法》，該法是其國內法，萬一中國的武力無法箝制時，美國的方針會不會改變，不能不存之於心。

目前的情形：由於 2005 年 2 月的美日安保協議的防禦範圍包括台灣在內，這也就牽動台日發生防衛關係，但這件事也引起

---

[1] 2010 年台灣安保協會主辦會議，當時筆者為理事長，在開會前夕的宴會上與日本駐台武官表示對釣魚台與漁業的看法，內容與中谷元的主張相同。不過 10 月 4 日夜與 5 日夜的宴會上，分別對駐台武官與中谷元加上兩點意見：希望日本對中國表示釣魚台問題是台、日之間的問題，與中國無關。其次，台、日共同舉行海上救災演習，如同直布羅陀的歸屬問題，即西班牙與英國之間有爭議，但兩者共同舉行海上演習。關於演習事情，中谷元還問我由哪一方提議。當時馬政權是親中反日，不可能由馬政權提議。後來馬政權與中國共同演習，希望大家能特別留意。

該年 4 月中國發動反日運動。[2]

台灣一旦有事，美軍援助，日本將做為美軍的後援，這關係日美共同防禦的「集團自衛權」的行使。[3]

有關台灣安全，另有日美的「防禦指針」，對台灣來說，顯得格外重要。

## 日、美的防禦指針

日、美之間有三次的防禦指針之制定。第一次防禦指針是 1978 年針對蘇聯的威脅；第二次在 1997 年為對付北韓的核武與飛彈。第三次為對付中國的崛起，本擬在今 2014 年年末發表，但因 12 月有日本眾議院議員選舉，據近日新聞的報導，將延至明年。

這第三次的防禦指針，根據最近 Joseph Nye 的接受訪問，

[2] 2005 年 4 月中國發動大規模的反日運動原因很多，甚中之一就是關係台灣問題，參考毛里和子（Mori Kazuko），《日中関係－戦後から新時代へ》，（東京：岩波書店，2013 年 3 月 5 日第 9 刷），相關問題見該書第 5 章。
[3] 有關「集團（體）自衛權」的行使，日本不以「修憲」而以「釋憲」來解決，參考筆者〈日本「釋憲」與日、美同盟的「進化」〉，《台灣安保通訊》，30，（台北，2014.4.20）。如所預料，7 月 1 日安倍內閣以閣議通過「集團自衛權」問題。又，前日本交流協會台北事務所代表池田維在 12 月 6 日參加「2014 年亞洲新態勢與台灣角色」國際研討會上發表的論文表示：日本在平時與美國之持有「台灣關係法」不同，沒有直接涉及台灣的安全保障問題。但是一旦發生武力衝突，為對付周邊地域的新的國際紛爭，基於日美同盟，日本將由側面支援美軍的活動。（此研討會是由新台灣國策智庫與美國的 Project 2029 Institute 共同主辦，在台北市的六福皇宮永樂宮舉行）。

說出制定的背景，以為：中國擴張武備、進出海洋，又北韓的核武與飛彈的開發，設定「灰色地帶」會發生事故，擬以對付。所謂「灰色地帶」可以令人想到中國漁船的侵入日本領域，隨著武力的攻擊，侵害主權。尤其是針對中國可能製造的所有事端研擬對策，反應日本行使「集團（體）自衛權」。即是說，第三次「防禦指針」是針對中國。[4] 又，中國可能藉釣魚台之事故，以民船編成的「第二海軍」乘勢入侵台灣；也就是說，入侵釣魚台的目的，實是劍指台灣。總之，第三次防禦指針是防止中國的武力侵略，當然也涵蓋台灣的安全在內。

## 中立國與台灣的條件

有關台灣選擇中立國的路線問題，李明峻的論文已經解釋很清楚；簡單的說，中立國在國際上要有近鄰諸國的支持，在軍事上有自衛能力，在經濟上不得與他國締結關稅或經濟同盟。由此情形來衡量台灣，顯然台灣不夠條件。就以日本來說，安倍晉三總理主張「集團（體）自衛權」也引起各黨派的紛擾反對。於是岡崎久彥主張不能完全以「法律論」來處理問題，也就是不應只

---

[4] 有關「防禦指針」問題，有心研究者可以參考日本的前防衛事務次官守屋武昌（Mori Takemasa）的兩篇論文，一是〈新がイドラインは対中メッセージ〉，《Voice》（2014.8）。另一文是〈安全保障の歴史は欲望の歴史〉，《Will》（2014.9）。守屋武昌，《日本防衛秘録》，（東京：新潮社，2013 年 10 月）。Joseph Nye 接受國際關係的記者大野和基的訪問，文作〈尖閣衝突の可能性はつねにある〉，《Voice》（2014.12）。Joseph Nye 在 2000、2007 年與阿米塔吉超黨派的合作，提出「阿米塔吉報告」，兩人及報告的重要性，無庸論述。

停滯在憲法的議論上，應該從國家的「安全論」考量，以面對強大的中國。理由是現代的戰爭一個國家要單獨防衛有困難，日本難以對付中國。岡崎甚至說，只有駐留遠東的美軍也無法對抗。為了維持東亞的軍事平衡，日美有共同對付的必要，即在客觀情勢有行使集體自衛權的必要，故岡崎的說法獲得支持，於今年 7 月 1 日用「閣議」的辦法通過集體自衛權的議案。[5]

以此回過頭來看台灣，台灣要成為永久的中立國，等同於台灣的國家承認運動，也可以看作兩者合一的運動，即是目前台灣人所追求的目標，但必須覺悟是漫長的獨立運動。這就是以下所說的國家承認問題。

## 「不被承認國家」的問題

目前國內沒有看到「不被承認國家」（Unrecognized States，或作未承認國家、非承認國家）作為專題討論，廣瀨陽子助理教授有一篇文章專門討論在國際上這種國家的情形，台灣被列為首例。

簡單的說，不被承認國家是具足國家的「體裁」（內在與外在的條件），在國際上不被承認的主體。未被承認國家決不是在國際上新的現象，而是冷戰期或冷戰後誕生的事例。未被承認國家被忽視，難免威脅世界的安定與和平。

---

5 岡崎久彥的主張，參考氏著〈強大中国にいかに立ち向かうか〉，《Voice》（2014.10）。此文論如何面對強大的中國，內容豐富，筆者祇取其中一點介紹之。

廣瀨又認為不被承認的國家在國際法上顯然發生矛盾。追求獨立的民族主張「民族自決」原則，是合乎國際法；但另一方面佔有的國家（也可能是殖民地的「母國」）主張「領土完整、主權尊重」。這兩者在國際法上都是重要原則，但相互矛盾。但經過兩次世界大戰後「民族自決」為優先，有許多國家獲得獨立，如東帝汶、南蘇丹就是例子。[6]

然而以此來回顧台灣，台灣在第二次世界大戰後沒有日本為「殖民地母國」問題，但有聯軍指派的蔣介石之中華民國佔領，1971 年中華民國在聯合國喪失國家承認，被所謂「中華人民共和國」所取代。台灣若正名為台灣或人民自決，中華人民共和國無法以繼承中華民國的主張擁有台灣，這也是消除北京的糾纏的方法之一。

國際上的未被承認國家常被利用，不論是美國或俄國都利用作基地，名目上是維持這些國家的和平。除此之外，因國家地位不平等，在經濟上或軍購上被剝削，在外交上不能以官方正式來往，也是藉故的貶低其地位而覓自己的利益。

---

[6] Unrecognized states 問題，參考廣瀨陽子（Hirose Youko），〈動亂の影の主役「未承認国家」とは何か〉，刊載《文藝春秋オピニオン 2015 年の論点 100》，（東京：文藝春秋株式會社，2015 年 1 月 1 日）。

廣瀨是慶應義塾大學總合政策學部的准教授（助理教授），在他的文章裡舉出 9 個未被承認的國家，其小者有 7 萬多人的「南 Osetin 共和國」，大者有 450 萬人的「巴勒斯坦共和國」，但有 2,300 萬人的台灣（中華民國）列為榜首，不被國際社會承認是國家。

以此看來，台灣要成為永久和平中立國，首要在爭取國家的地位，也就是國家的主權，在這意義上主權和獨立權是同義。[7]

## 美國的阻害

台灣人信奉民主主義，自由、人權、民主、平等與法治已經成為身體的一部分；台灣人歷經戰前、戰後的殖民地統治，要追求自己國家的理想是當然的。過去台灣人雖然不得不容忍蔣介石的專制獨裁統治，但 1950 年代以來的高中學生都在背誦林肯的蓋提斯堡演講詞。台灣人肯定美國的價值觀，就是美國的先賢能夠說出民有、民治、民享的偉大詞句。

但是目前台灣的民主政治從一黨獨裁解放以來，舊勢力（ancien regime）的幽靈還在，台灣人要求進一步深化民主，但美國的上層人士‧掌權人士開始圖謀一己的利益、向中國霸權妥協，卻回過頭來壓迫追求民主價值的台灣民族，背叛他們的祖先努力追求的「人類普世價值」和建國精神，似乎不曾感到慚愧。而這些價值與精神是他們的祖先當做肩負的歷史使命在推向全球而獲得世人的肯定。

如今，台灣正走在這一普世價值的康莊大道上，美國卻左顧右盼中國的臉色，也因此**美國常以反對台灣獨立作文章，指台灣**

---

[7] 論主權與獨立權同義，見西井正弘編，《図說国際法》（東京：有斐閣，1998 年 3 月 30 日初版第 1 刷），第三章，特別是第 64 頁。。

是「麻煩的製造者」，但中國並沒有因台灣不宣佈獨立而片刻放棄攻台的準備。美國也不敢因此而指責中國是「麻煩的製造者」。

但美國顧及在亞洲甚至在台灣的利益，卻不能不利用雄踞地緣政治戰略地位的台灣以鞏固在亞太地區的利益，充分利用「不被承認國家」的弱點而加以剝削，或以高價出售已三十年陳舊的武備來對抗中國霸權。如今美國和中國一樣成為台灣人、甚至其他被壓迫的民族追求人類普世價值的公害。話說回來，台灣的國家藍圖之困境就在這裡。

## 台灣的出路

台灣的地位，東臨太平洋，北是東海，西接台灣海峽，南有巴士海峽和南海；其地緣政治的戰略地位控制東西航道，維繫世界各國利益。台灣若淪入他人單方面的控制，各國的利益將直接受損害。台灣人若不自覺自己的處境，不能向世界強硬的表示自己的國家自主意識，有可能被征服或被出賣而淪為中國的殖民地。台灣身處強權的矛盾中，矛盾是尋求出路的窗口，故應自立自強以主權國家為追求目標，如此或許能在強權追求「勢力均衡」之下成為中立國。但台灣人民必須眼盯著國際局勢的演變，在國際矛盾中知道抓住時、空的機會，還切望有個魄力的領導人敢向帝國主義者說「不」。

（本文撰寫於 2014 年 12 月；刊載於《民報》電子報，2014 年 12 月 26 日。）

# 1972 年辜寬敏先生回國的懸案

名記者船橋洋一於 1998 年 5 月 7 日以《朝日新聞》編輯委員身分,在該報〈日本與世界〉專欄撰文,介紹辜家三代人的對日關係。

船橋文章的用意是建議日本政府採用外國人。首先指出民主黨代表菅直人採用外國人的建議。接著說,對於這個問題的關心不祇是菅直人,當時的自民黨幹事長加藤紘一與政調會長山崎拓建議任用野村總合研究所主任研究員辜朝明為日本政府之對外說明員。文中還指出辜氏本是台灣人,小時在日本受教育,高等教育在美國,在野村總合研究所任職時是美國國籍。

其次,船橋提到辜氏的父親辜寬敏曾經一時以外國人身分受聘。

1972 年日中關係「正常化」,外相太平正芳起用辜寬敏擔任台灣當局之密使。所謂「正常化」是指日本與中國共產黨政權建交,與台灣(按:應是蔣政權)斷交;這是日本根據「國連(聯合國)主義」認定誰為中國這個國家,以及該國之政府之代表,而給予承認;也就是根據聯合國大會之第 2758 號決議,承認中

華人民共和國及該政府。日本的說法就是沒有與中國這個國家和政權斷交,而是替換另一個為「正常化」。

話說回來,船橋的說法,以為日中「正常化」,被迫與台灣斷交,但是不能危害在台灣的日系企業以及日本人。希望斷交後也能繼續維持日台的經濟關係,為獲得理解,託辜寬敏向台灣當局傳話。氏於是將「太平外相的文件」交給領導人。

除了上述之陳述外,作者還提到辜寬敏父親在中日外交上之「純情外交」,以及日本歷史上如明治時代之大量聘用外國人之事,希以說服當時日本政府能聘用外國人。

但筆者所關心的是 1972 年辜寬敏先生回國之事,當時引起不少風波。筆者在前年將船橋的文章影印送給辜寬敏先生及獨盟的主持人。今逢辜先生之回憶錄出版,將有助於解明這一懸案。

(本文撰寫於 2015 年 10 月 7 日;刊載於《民報》電子報,2015 年 10 月 8 日。)

# 「維持現狀」與「九二共識」
# ——李登輝前總統與櫻井良子理事長的對話，確認兩個問題的內容

2015 年 9 月 19 日台灣安保協會舉辦「兩岸關係與亞太區域和平國際研討會」邀請日本國家基本問題研究所理事長櫻井良子發表〈日本集體自衛權與日本關係〉論文。櫻井此次蒞臺，也拜訪前總統李登輝，兩位的討論刊載於日本月刊《Will》。[1]

## 有關「維持現狀」問題

對話中，櫻井提到蔡英文主張的兩岸關係「維持現狀」，為的是台灣方面不致於引起台灣海峽以及周邊海域的變化，使美國方面安心云云。

接著李登輝表示，蔡英文所說的「維持現狀」引起台灣媒體甚至民進黨內批評其「曖昧」，問題是什麼地方曖昧？維持現狀到底又是怎麼一回事？李的解釋，明白的確定：

---

[1] 文見〈台湾が感動した安倍総理のひと言〉，《Will》（2015.12）。

台灣是台灣，中國是中國。各自維持中華民國與中華人民
共和國就好，這就是現狀維持。

## 關於「九二共識」

接著有關「九二共識」問題。李登輝說：九月習近平訪問美
國之際，與歐巴馬總統的首腦會議到底談了什麼？依他的看法，
習是強烈要求歐巴馬總統接受（承認）「九二共識」。

櫻井指出問題在於要台灣承認「一個中國」的問題。就是說，
「九二共識」是中國與台灣在 1992 年香港會談時成立的「一個
中國，各自表述」。意思是說「中國是一個國家，其表現交給中
國與台灣各自來表示」。就是說在承認中國是一個的前提下，台
灣方面稱作中華民國，中國方面稱作中華人民共和國。但問題在
「一個中國」要台灣承認的問題。

李登輝的回答沒有接受「一個中國」。他說：中國與國民黨
的一部分人任意主張「同意一個中國」，而稱作「九二共識」。當
時總統是我，有沒有同意這件事我不會不知道。沒有這個道理。
也就是說那是沒有共識（ non-consensus，不同意）的共識
（consensus）。馬英九竟然基於虛構的歷史（九二有共識）與中
國進行交涉。

李總統又說，自擔任總統時代以來，一直表示台灣是一個「主
權獨立國家」，一個「主權在民國家」，台‧中關係絕對不是「一

個中國」的內部關係。

2008 年台灣國民雖然選出馬英九為總統，但並不是意味著讓他有將台灣的「主權放棄」的權限。更不是允許他有權將「台灣做為中國的一部分」。

## 結語

以上是筆者半譯半抄李登輝與櫻井良子的對話，無非是希望忠實的寫出李登輝的主張，以免對「維持現狀」與所謂「九二共識」問題有混淆的空間，以及誤會李登輝的主張。即是說：再度確認李登輝認定台灣是一個「主權獨立國家」、「主權在民國家」的主張與政治行為。

（本文撰寫於 2015 年 11 月 18 日；刊載於《民報》電子報，2015年 11 月 20 日。）

# 不入流的「烽火外交」論

## 候選人將國家「去國家化」的主張

總統、副總統候選人的政見發表會,是要對全國國民有正當的訴求以獲得支持,但候選人的不當言論誤國誤民,惡意導向「去國家化」的喪權辱國行為,作為一個公民是國家的主人,基於「主權在民」的原則,不能眼巴巴的看這樣惡意的「愚民」暴行。在維護國家主權與人民自己的權益上,不能不加以駁斥。

近來提到外交,竟然有所謂「烽火外交」,這就是上面所說的愚民政策的暴劣行為。

## 國家與外交

首先我要提醒國人什麼是「國家」,什麼是「外交」。如眾所知,國家的要素有四項:一是永久居民,二是有明確的領域(領土),三是政府,四是主權。

但依照 1933 年的國際公約〈*Convention on Rights and Duties of States*〉(陳隆志編的《當代國際法文獻選集》譯作〈美洲國家關於國家權利與義務公約〉),對於上舉第四項主權要素卻做「與

其他國家締結關係的能力」（capacity to enter into relations with other states）。也就是說國家的主權要素，是要外交上有能力與其他國家建立關係才顯現出來的。

## 1971 年種下的國災

但遺憾的是台灣在中國國民黨蔣介石統治下，堅持「漢賊不兩立」，因此引起 1971 年聯合國大會的決議，驅逐蔣介石政權。該決議文的一段，說：

> …to expel forthwith the representatives of Chiang Kai-shek from the place which they unlawfully occupy at the United Nations and in all the organizations related to it.（第 2758 號決議文。）

以上譯文，即：

> 立即把蔣介石的代表從他們在聯合國組織及其所屬一切機構中所非法佔據的席位上驅逐出去。

自此以後蔣介石政權不再代表中國，以後的政府也是。

## 外來政權性格

在聯合國表決之前，對於國家地位問題如何處理，蔣介石並沒有徵詢台灣「永久居民」（a permanet populations）的意見，將國家問題當作他們「國共一家」事務，祇為滿足他個人虛驕的英

雄主義，成就他個人「漢賊不兩立」的「壯烈」虛相，致使他的
政權代表在聯合國被逐出。如上所說的，自此以後不再是中國的
代表，但仍舊依靠其獨裁專制與鎮壓的統制，自詡為中國正統政
權，在台灣窩下來。

但其政治體制的本質，仍延續「戰後殖民地佔領體制」，這
一點始終沒有改變，故仍拒絕還政予民。

另一方面，由蔣介石帶來的因果關係，使日後台灣不論是在
國際上或國內，混淆了「中華民國」是存、是亡的認知。（國格
問題。）

## 朝代政權的「偏安」性格

蔣王朝失去中國的正統政權身分，在台灣建立「偏安」政權，
一如過去的王朝之王室。所謂「偏安」是已失去對中國全國的統
制能力而安處台灣，仍以「統一」為藉口，壓迫台灣人民。

嗣後的蔣經國政權再不能以「反共抗俄」為藉口，改以「三
民主義統一中國」；但從來沒有能說清楚如何能以「三民主義」
統一中國。這是典型的以「口號治國」。

## 李登輝使國家性格蛻變

蔣經國死後，李登輝以副總統繼任總統，但在 1996 年以公
民選舉而取得身為總統的正當性，使中華民國具有僭主的國家性

台灣的灰色年代・台灣戰略與外交

格蛻變，但中國國民黨政權仍掌控在「高級外省人」手裡，仍脫不掉殖民地統治的外殼，尤其在意識上更是如此。

李登輝之後陳水扁繼續推動民主化與國家正常化，但內、外的阻力更大。雖然台灣緩慢的民主化，但有台灣人政權的正當性來支撐這個國家。仍在中華民國名號殘存下維持二十多個國家的正式外交，勉強作為一個國家（用中華民國的名號）在混日子。

## 「不被承認國家」的悲哀

雖然國際上大多不承認這個國家；但在「本土化」與「民主化」之支撐下，雖然國際上以「不被承認國家」（unrecognized state）受到欺壓，但有時也有若干尊重。（參考廣瀨陽子博士的專著《未承認国家と覇権なき世界》，作者是研究政策與媒體的專家。）

換句話說，以台灣人的存在，讓中華民國多少獲得存在的空間。最顯然的例子就是因有台灣人而美國雖然與中華民國斷交，仍用《台灣關係法》來保護這個島國。

## 名實不相符的危機

台灣人支撐的政權因扣上中華民國名號，勢必威脅到中華人民共和國的「正統性」，因此，北京政權更有理由以「分裂國家」必須「統一」為藉口，成為其必須消滅的對象。

因此中共政權不斷以中國之「正統」壓迫世界各國，不得承

154 ·

認中華民國，甚至阻擋參加民間組織。外交上喪失國家承認，最嚴重的是影響經濟發展，甚至參加國際衛生組織也受阻擋，影響國民切身的健康。數十年來台灣在國際上應得的保障也都一一被犧牲，這是全國人民都切身體驗到的，不遑一一列舉。

## 馬的「去國家化」

外交如此困境，不幸的是馬英九在 2008 年 5 月就任總統之日，立即赴外交部宣示「外交休兵」。很顯然的，馬英九是將在風雨飄搖中的中華民國澈底的「去國家化」。他的作法，先是一方面喊「九二共識，一中各表」，但實際上在執政的八年之間「一中各表」是對台灣國內的敷衍，實際上是「同表一中」、「一個中國原則」。此即北京政權發出共鳴而所說的「二〇〇八年以來，在『九二共識』基礎上，兩岸關係實現了和平發展」的論述。（見陳隆志在〈維持獨立於中國之外的現狀〉之引文，刊載 2015 年 9 月 28 日的《自由時報》。）

但馬的「九二共識」造作，欺瞞大眾，直到 2015 年「馬習會」，馬的「一個中國原則」附會習近平時，才澈底彰顯出來。也就是說在「一個中國原則」下，放棄外交（即馬所說的「外交休兵」），放棄國家應有的主權（即放棄上引國際公約所說的「與其他國家締結關係的能力」），成為共產中國的一部份，這就是馬、朱與中國國民黨所要的「統一」，再不是「反共」、「解救中國大陸同胞」那一套。這是目前中國國民黨掌權世代的投降主

義，在這樣赤裸裸的現況下，還有台灣人要投懷送抱這樣的政權？

## 「烽火外交」的武斷式論述方法

話說回來，自蔣介石在外交上種下的禍根以來，以後的總統李登輝、陳水扁、甚至蔣經國為維持邦交國都很辛苦；外交與國防事務是總統重要的職責。

但此次大選，有外交職責的現任總統馬英九與總統候選人的朱立倫為選舉而攻擊蔡英文的外交主張是「烽火外交」。奇怪的是蔡英文主張的「維持現狀」，這個用詞中國國民黨視為專利加以抨擊，而又不能提出具體政策。因此，先「假設」蔡的外交是如陳水扁時代的拓展外交，又將陳的外交定位作「烽火外交」，為蔡所承襲。故從這樣的自我假設，引伸到蔡當選，走向「烽火外交」，再進一步引起戰爭。在外交上也會全面斷交。在方法上這種武斷（dogma）方式，竟出自當過教授的朱立倫之手。

然而，這樣的「恐嚇牌」是中國國民黨舉黨一致的選戰戰略，國民黨的高層不只朱立倫、馬英九，包括吳敦義、王金平、吳伯雄等人都配合演出，真不愧為一齣醜劇。

## 陳水扁時代的遭遇

再說陳水扁時代拓展外交是他的總統職責，怎麼變成他的罪

狀？當時的台灣很不幸，也遇到美國總統布希的外交與軍事政策的錯誤。

布希和他的官僚希望透過中國的影響力促成與北韓的「六國會議」，當時我便認為這是華盛頓的妄想，中國反而打「北韓牌」來牽制美國。

另外，原來受美國扶持起來的伊拉克政權，美國恐其坐大，捏造許多理由攻打伊拉克。也為此壓迫台灣不能拓展外交，醜化陳水扁為「麻煩製造者」。台灣國內不能舉國一致來維護國家尊嚴，親中派更為了討好中國共產黨，不餘遺力的打擊陳水扁以及民進黨，迄至今日。

再說在那個時代，美國甚至援助北京，在外交上有一句話「北京到台北最短的距離是經過華盛頓」，就是說北京透過美國壓迫台灣。在外交上如此，在科技、經濟、軍事上都扶持中國共產黨政權坐大，誤認中國富裕會走向民主主義。這是自白宮以下整個官僚系統以及智庫的有意無意的錯誤。這個情形，日本的名記者日高義樹氏在很多年前就指出；但引起台灣及各國的震撼，是白邦瑞（Michael Pillsbury）的專書在去年（2015）出版之後的事情。（漢文譯本作《2049 百年馬拉松》。）但為時已晚，台灣受到不可挽回的傷害。至今中國國民黨更利用陳水扁的拓展外交，引伸到目前蔡英文的「維持現狀」身上，再強扣上「烽火外交」的帽子，不僅對國人恐嚇，也是為了對北京交代。馬、朱更為「馬習

會」後,在定調「一中原則」下台灣作為中國的「特區」;其賣台孔急。但「馬習會」是國共兩黨之間的關係,並不能引伸作台、中關係而予以承認,這是各界不能忽略的問題。

## 必須是「全方位外交」

外交應是「全方位的外交」,不是「烽火外交」。外交也是戰場,除了拓展正式邦交之外,經濟、文化、環保、人道救援等等,包括非政府組織(NGO)也都應該動員起來,沒有一個國家不是如此作為。祇有中國的附庸政黨的中國國民黨能發明所謂「烽火外交」,是極其幼稚的行為。但這樣的幼稚卻用來向全國人民洗腦,還有什麼政治倫理?這種政客和政黨誤國誤民,應藉此次大選的機會,以全民之力將這批「政治垃圾」清除乾淨,以免禍遺子孫!最後國人必須奮鬥爭取的是台灣的國格和人民的尊嚴與榮譽。

(本文撰寫於 2016 年 1 月 14 日;刊載於《民報》電子報,2016 年 1 月 15 日。)

# 台日應該結成「非軍事同盟」

*2017 年 1 月號的日本月刊《文藝春秋》特別開闢專欄，有十二篇文章〈對安倍外交的忠告〉，本譯文即其中之一，由名記者野嶋剛（Nojima tsuyosi）執筆，原題〈蔡英文と「非軍事同盟」を結べ〉。*

2016 年 10 月末，有一位立法委員（國會議員）從台灣飛到福岡來。他是受同年 5 月台灣誕生的民主進步黨蔡英文總統之託，帶來「密令」。

到福岡的這一位趙天麟是民進黨的年青新秀，在蔡英文總統壓倒性的勝利之 2016 年 1 月的選舉蟬聯立委，與台灣駐日代表謝長廷也很接近。他在民進黨負責中國問題，擔任中國事務委員會的主任。

他來日本的目的是為氫能源構築台日合作，從事事前準備。福岡是被定位作氫氣能源在社會上實現的先進據點，「氫氣特區」，趙天麟積極的與福岡之行政與研究關係者再三見面。

　　台灣與氫能源，看起來好像是意外的湊和，實際上蔡英文在就任總統之前的 3 月已經埋好伏線，在南部高雄召開的「氫能源都市論壇」演講的蔡英文有這樣的呼籲：「為了『非核家園』，推動氫能源是有必要的。日本有關氫能源的專利，在世界上是最多的，與日本合作可以做為台灣能源轉換的戰略計劃」。

　　台下的來賓席上有福岡縣知事小川洋、J-POWER 的前社長中垣喜彥、九州大學氫能源國際研究中心會長佐佐木一成等；「氫氣界」的重鎮齊聚一堂。

　　自己也是愛車族的蔡英文，有意表示乘用是豐田製的氫燃料電池的汽車「未來」（mirai）。當然，氫能源在成本與安全上尚有不少課題。但是蔡英文是認真的，她的用意是要當作經濟活性化的王牌，使台灣成為氫燃料的輸出國；迄至 2025 年要保固實現脫核電的方針，有益於電源構成的多元化，期待能夠「一舉兩得」。

　　日本的安倍官邸也對台灣方面發出「歡迎」的信號。核發電的運作是高難度，現在有鄰居要成為氫燃料的供給源，是有大大的好處。

　　台灣氫產業的據點，擬設在熱帶港灣都市的高雄。因為日照時間長，有利太陽光發電將其剩餘的電力製造氫燃料，且港灣設

施齊備，又是民進黨的鐵壁地盤。氫能源的合作，是台日經濟合作的長期性的象徵，內隱雙贏結果的藍圖的可能性。

## 蔡總統稱呼「安倍桑」（原文「安倍さん」）

日本與台灣面臨中國擴軍的威脅，在安全保障上要求成為盟友的聲音，在日、台確實存在。但是現實的考慮，沒有外交關係的日、台之間，要安保合作會引起中國的「懸念」，美國也可能不希望。與其如此，倒不如在非軍事分野上極力拉近日台的距離到等同「同盟國」的距離，無非是現實的選擇？──此當是現時點上日台雙方最高層級的政治判斷。

蔡英文政權的有一位主要幹部興奮的說：「蔡英文任期的兩屆八年（直到 2024 年），與總裁任期有可能延長到 2021 年的安倍政權的任期是重疊的。有像安倍政權這樣對台灣好意的日本政權，在過去是沒有的。這是台灣歷史性的機會。」

沒有外交關係的台灣總統就任後不能訪問日本，所以「當選前」是重要的，所以著手接近日本，開始於 2015 年 10 月蔡英文的訪日。

綜合關係者的話，台灣方面在蔡英文訪日之際，切望拜訪安倍首相的故鄉山口。其所定下來的戰略目的是「訴諸次期政權蔡英文的親日性與接近安倍政權」。事前派遣人員到山口，預先查看要訪問的，有關長州與明治維新歷史的關連，蔡英文也知其

要，慎重其事的準備。日本方面也呼應，招待任務交給安倍能全幅信賴的弟弟岸信夫眾議院議員。

訪問山口後，停留在東京的大飯店（The Capitol Hotel 東急）的蔡英文「偶然遇到」安倍首相，流出的部分報導，筆者得到的情報有一點疑問。

但是在這之前，安倍與蔡英文有過四次會面。自民黨在野黨時代的 2011 年，安倍由菅義偉（現任官房長官）陪同，為的是在研討會作專題演講而訪問台灣，在國賓飯店與蔡英文進餐。同席的台灣獨立派長老回顧說：「二人談到自由與民主價值觀的重要性，意氣相投」。

前面提到的政權幹部說：「蔡總統甚至以親切的稱呼，稱呼安倍首相為『安倍桑』。（去年 10 月）訪日並不是冒著什麼危險見面而得到什麼成果，但深信見面對台灣沒有損失。」

結果是蔡英文的訪日對安倍政權擁有強烈的期待，前任的馬英九總統在其政權末期，對沖之鳥島問題以及慰安婦問題，反覆對日攻擊的言行，使日本政府焦急。

## 起用兩個頭兄引起雜音

雖然說是「親日的」台灣，但對日本是有複雜的思緒和歷史的包袱，「日本有兩次遺棄台灣（1945 年放棄台灣與 1972 年日

台斷交）」的不滿，筆者曾經以朝日新聞特派員駐在台灣，大約到十年之前，尤其是戰前受日本統治經驗的日本語世代，常有如此的抱怨。

唯近年李登輝前總統與陳水扁前總統之下，台日關係強化，馬英九前總統時也有「台日漁業協定」與「羽田——松山（台北）航線」起航等實務性的成果。

日本人訪問台灣超過 60 萬人，正月休假受到歡迎的訪問超過夏威夷而成為第一位，曾受中國的壓力而被當作「禁忌」的台灣，與自治體交流也活潑起來。與喜歡都市型觀光的中國人不同，誘導非常喜歡到日本的地方周遊的台灣觀光客帶給日本實利，知事或市長等自治體的首長訪問台灣也成為日常化。

尤其是 2011 年東日本大震災之際，台灣方面的日本支援額達到日幣 200 億元的巨額，當作台灣方面「單相思」的日台關係，因這一次的大契機而轉變為近乎「兩相思」的情形。

長期擔任台日外交的台灣外交官有深深的感慨：「以前，老實說台灣受到像日本的妾的對待，日台關係被擺在日中關係的背後小胡同，但是經過幾年，走在大街上堂堂與中國交鋒，實實在在感到日本是變了。」

眼見台日關係的提升，蔡英文迅速的佈局；前行政院長而曾經競選總統的謝長廷派遣為駐日代表，前總統府秘書長、蔡英文

的智囊的邱義仁被起用為對日窗口的亞東關係協會會長,這是異例用大人物的人事佈局。

原來在黨內激烈對立而旗鼓相當的兩人,被起用作對日關係的兩頂端,在台灣政界引起很大騷動。但是起用台灣政治頂端的兩人,是發出政治上強烈的對日重視的信息,中國方面認為是日台接近態勢的一個因素。

有京都大學留學經驗的謝長廷以擅長的日語,在日本各地到處跑,參加各種聚會活動,與可稱為「安倍側近」的政權中樞的「接觸」,也活潑的展開來。

另一方面在台灣有「軍師」之稱的邱義仁,很快的在 10 月末率領台灣代表團參加在東京舉行的台日海洋合作對話的第一次會議。這類協議是通常事務性層級的會議,但打破慣例,日本方面大為驚訝。

根據關係者的說法,此次對話,關於沖之鳥島問題的懸案,對於馬英九前總統所主張的「不是島是礁」之對日本的批判,台灣方面打出的牌是回到原來的立場,「台灣對於是礁或是島的判斷不予干預」,使日本方面安心。

對漁船罰金的歸還或進入沖之鳥島近海的 EEZ(排他性經濟水域)捕魚,對於台灣方面的要求,日本方面難於立即有答案滿足台灣的要求;儘管如此,「今後不逮捕台灣漁船,採以警告,

從 EEZ 排除」；以此默許的諒解，日方顯示融和的姿態。尤其有關台日海洋合作對話的啟動，媒體沒有報導，隱藏著「今後」台日迅速接近的劇本。

海洋對話順暢的開始，台灣方面對日本「核電事故被災地農產品的輸入禁止」，要提前解除。2017 年將成為台日 FTA（自由貿易協定）開始交涉的具體行動的一年。

台灣以福島第一核電事故的理由，禁止福島、茨城、栃木、千葉、群島的五縣食品的輸入，日本方面以沒有科學的根據予以反駁，要求撤回。最低限度，除了福島之外，四縣的禁輸不予解除，而要進行 FTA，日本沒有面子。

對於在國際社會艱苦立場的台灣來說，FTA 是台灣加入WTO（世界貿易機構）架構之下能夠推進的少數經濟外交的工具。但是經常中國的壓迫隨之即來，過去的日本害怕中國的施壓，但是現在的安倍政權的果斷是可以期待的。

蔡英文政權揭櫫「脫離對中國經濟依賴」的第一號政策是加盟 TPP，但是川普政權的登場，有些不透明。台日 FTA 迄自目前最有興致，是實際的情勢。

台日 FTA，日本方面在後面推動的是親日派議員組成的日華議員懇談會（簡稱日華懇），在參眾兩院擁有 280 人以上的議員之大型「議連」，日華懇的副會長衛藤征士郎眾議員，是推進台

日 FTA 領頭的重要人物之一員。他說明這樣的計劃：「現在為日台 FTA，準備結合超黨派的議連。要以議員來立法。食品輸入問題解決，就馬上一鼓作氣的推進。」

安倍官邸對於準備日台 FTA 已經發出指示，派遣外務（外交）、財務、經產、農水各省（譯者編：省是相當台灣行政院下的部）的課長級人物到台灣瞭解問題，預先準備。

「日台 FTA 不單是經濟合作，台灣經濟有元氣（朝氣），蔡英文政權也會安定。由航道（sea lane）等安全保障的觀點，在這個地域的基石（keystone）的台灣之安定，就會成為日本的國家利益」（衛藤氏）。

對日本方面來說，的確會遭到中國的反駁，要整合複雜的法律，在作業上要付出不便宜的代價來推進日台 FTA，對蔡英文的「決心」有知道的必要。日本方面對食品輸入問題的走向，仍屏息注視事態的發展。

戰後日本社會不論是政界或輿論界，對台灣問題分裂成保守層的「親台」與自由層的「親中」。自由層受中國思想宣傳的影響「反對國家分裂」，對強化與台灣關係是消極的，採取忽視台灣的態度。

但是日本輿論對中國感情極度惡化的現狀，日本人已經不必要對中國顧忌而採取對台灣冷淡作為選項。在台灣社會「自己是

台灣人，不是中國人」的台灣認同已達到六至七成，「中國國家」
的台灣已經不復存在。與日本共有民主、自由的價值觀，有良好
的民意支持的台灣存在，如果日本人還只是把他看作中國問題的
一部分，未免是時代錯誤的國際感覺。

雖然軍事與外交受到一定的限制，日本與台灣是否可以拉近
距離而等同於堪稱「同盟國」？這個問題在 2017 年這一年，似
乎被要求要有答案的一年。

（本文撰寫於 2017 年 1 月 10 日；刊載於《民報》電子報，2017
年 1 月 10 日。另載於《台灣安保通訊》，第 41 期，2017 年 7 月
31 日。）

# 島嶼戰略與台・日同盟

## （一）

中國艦隊的出口，一是宮古海峽，一是台灣海峽。目前中國正突破第一島鏈。為抑制中國之得逞，將沖繩以下台日所有的諸島串連起來作為監視與堵住中國航空母艦等艦隊的要塞，構成台灣防衛體系的一個環節，但其前提是台日雙方必須有軍事合作。

## （二）

如果換一個角度來看問題，將海洋看作一片陸地，一個個孤立的島嶼看作碉堡，不論該島有無居民，除了配備必要的攻防系統之外，也可以配備無人操作的新式裝備，減少人員的耗損。

島嶼看作碉堡，可以是似有似無的游擊戰，也可以如《水滸傳》所描述的釘哨（作戰）等等的戲劇性運作。

軍隊的配置可以是正規軍，也可以是民兵。中國將民兵、民船組成「第二海軍」，到處探測海岸，以及海的深度、水流、水文等等，還不時集結、犯境、滲透、走私等等，同時也是用來偵探防衛上的虛實。

# （三）

根據上述情況，與日本軍方合作為迫切之要務。

一是如何與日本海軍，猶同台、美的陸軍航空隊結成姐妹部隊，訓練如上文所說的「島嶼戰爭」；

二是獲得日本協助自製緊急需要補強的船隻（如潛艦之需要）；

三是對遠離日本本土的日本大小島嶼（如與那國島等），台灣為其「補給線」，也是可以列為合作項目之一。

## 【附記：日本的島嶼】

日本是島國，有大小 7,000 多座島嶼。從東北的島嶼到西南，散在長達 3,000 公里的海洋上。陸地面積包括北方領土在內，約 37 萬 7,800 平方公里，約英國的 1.5 倍。參考《Japan Almanac 1995》,〈英和対訳データ年鑑〉，朝日新聞社。1994 年 10 月 30 日第一刷發行。

（本文刊載於《民報》電子報，2017 年 11 月 6 日；另載於《民報月刊》，2017 年 12 月號，頁 42。）

# 介紹一本台灣國民必須閱讀的軍事理論書籍——《當代軍事理論：戰爭的動力學》

〔作　者〕瑞典 Jan Angstrom 和 J.J.Widen

〔英譯本〕*Contemporary Military Theory*, Routledge, 2014.

〔日譯本〕軍事理論の教科書，北川敬三監譯。勁草書房，2021
年。

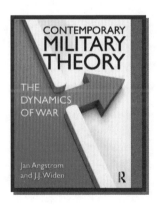

## （一）軍事理論的重要，應列入大學的必修科目

對戰爭的認識，在軍事理論家的眼裡，戰爭經過歷史的長河，使無數的人細述他們的想像。不論老少男女，幾乎所有的人類都關係到戰爭。戰爭改變歷史的進路，使帝國毀滅，戰爭也改變政治秩序的形態，使許多國家的經濟破滅。還有，戰爭使幾百萬人被殺或傷，精神受到創傷。

戰爭經常使社會、經濟、文學、藝術與科學的分野，從根底發生變化。戰爭造成破壞與創造，悲哀的高昂，從恐怖中希求和平，隨之而來的是帶來各種緊張。所以戰爭對人類來說，是特別重要。尤其自核武時代的來臨，戰爭會導致地球像垃圾散發到各地，使人類不能再居住的危險。

即使是和平時代，戰爭幾乎對所有將來的社會投予戰爭的陰影。瑞典的斯德哥爾摩國際和平研究所（SPRI）曾經推測在 2012 年世界上所花的軍事費用高達 1 萬 7530 億美元。這個金額相當於世界上國內總生產額（GDP）的 2.5%。實際發生戰爭或僅戰爭的威脅，不只是影響世界資源的分配，也波及到每天身邊的生活。原來只是軍事用語的戰略或戰術的詞彙，不僅見於小說、電影、新聞，也運用在與軍事沒有直接關係的市場、育兒與體育運動。

有鑑於以上所說的戰爭的重要性，但人類對於戰爭應有的知

識並不十分具備，甚至可以說到可怕的程度。具體的說，即只有對戰爭與戰鬥理論之了解是不夠的；應該對「軍事理論」有充分的了解。軍事理論並不是「非現實」的知識，而是做為實踐的指針。如上文所說的，既然戰爭對所有的學際分科與對人人的生活重要，大學應該有「軍事理論」的課程，但軍事理論的教科書卻欠缺，一般所能看到的多是「戰略論」的著作，能夠網羅軍事理論的教科書，據專家的說法，祇有下文要介紹的這一本著作。

## （二）2004 年在瑞典出版的一本書，十年後出現英譯本

北川敬三（Kitagawa Keizo）是 2015 年日本駐英國的武官。在英國的各書店都有充實的軍事方面的書籍在出售。他發現一本譯成英文的著作，即 Jan Angstrom and J.J.Widen, *Contemporary Military Theory: The Dynamics of War*, Routledge, 2014.（筆者暫譯作《當代軍事理論：戰爭的動力學》）

原著者兩人是瑞典國防大學的研究員，參考古今東西方的專門著作，寫成軍事理論的教科書。內容從拿破崙戰爭到阿富汗戰爭，有豐富的事例舉証，能夠含蓋學際討論軍事理論。不僅適合作為教科書，也適合做一般讀物。

如上文所見，英譯本是 2014 年出版，但原著是早在十年前的 2004 年於瑞典出版，但北川敬三願意以英文本譯成日文，可

見該書有足夠的份量。

## （三）2021 年日譯本的出現

2016 年北川敬三剛到日本，被任命為海軍（按，日本目前仍不能正名，稱作海上自衛隊）幹部學校的「戰略研究室長」，任務是為將來培養海軍方面的領導幹部；他曾以此書來作為「指導幕僚課程」的講義。

他曾經招集 10 名高學歷並且負責實際防務者成立讀書會，嗣後他自己為監譯，由這被稱為「翻譯+勇士」譯成日文，即《軍事理論の教科書》，由勁草書房出版。（2021 年 1 月 10 日第 1 版第 1 刷，2 月 20 日同版第 2 刷。）

此書分 10 章，第 1 章從什麼是「軍事理論」談起，接續的 9 個章次，依順序是：戰爭、戰略、作戰術、作戰原則、統合作戰、陸上作戰、海上作戰、航空作戰、戰爭的力學。以上，通括「軍事理論」。

根據監譯者的說法，該書考慮到作為教科書之用，故各章末有復習用的論點。原著在章末有英語的文獻表，監譯者為考慮日本的讀者，不晦言將之刪除。又據其說法，該書英文本並不難讀，筆者不知是否有漢文譯本；如果沒有，希望有人著墨，提供學術各界及一般讀者。

## （四）出自大國的軍事理論是否適合小國的問題

台灣不能不留意的是作者指出：軍事理論要有明確的定義。但定義的概念與大國、小國的價值觀之差異有關。

西洋的許多主要軍事理論是成立於大國，並與其立場有關。

從經驗上得來的研究，其焦點放在大國，故大國的先入觀潛在軍事理論，因此懷疑小國一般性的經驗無效。大國的研究成果與理論對其他國家與地域來說，只有一部分適用，最顯明的例子就是核武戰略。

話說回來，小國要如何行動受大國影響，故欠缺妥當性。小國如何補遺與改善，有慎重研究的必要。總之，大國與小國的價值觀差異，故世界上有大國的軍事理論而缺少小國為自己本身建構的理論。這是台灣應該重視的問題。

（本文撰寫於 2021 年 6 月；刊載於《民報》電子報，2021 年 6 月 30 日；另載於《民誌》，2021 年 8 月號，頁 30~31。）

【國際議題】

・中國問題與政權擴張・

# 1989 年天安門屠殺事件之決策過程的第一手史料

一、「李鵬、楊尚昆、喬石、姚依林同志在 5 月 22 日會議上的講話要點（根據記錄整理）」（原題）

二、楊尚昆同志在軍委緊張擴大會議上的講話要點。1989 年 5 月 24 日（根據記錄整理）」（原題）

## 一、 關於天安門事件（一般說明）

### 中共政權「六四」的夢魘

每年面臨 6 月 4 日的到來，中國共產黨緊張，處於戒嚴的臨戰狀態。尤其是去年的 2009 年更是緊張的一年；是五四運動的九十年、達賴喇嘛亡命印度的五十年、中共「建國」的六十周年、天安門事件的二十周年。另外，民族衝突迭起，7 月 5 日在「新疆維吾爾自治區」發生事變，中國當局發動武裝警察與公安特警隊在烏魯木齊槍殺維吾爾人，此事已有世界維吾爾會議日本代表 Ilham Mahmut 以日文發表專書《7・5 ウィグル虐殺の真實》（寶島社，2010 年 1 月 23 日發行）。雖然以武力鎮壓的態勢中國渡過

2009 年這一年，但天安門的夢魘仍舊持續的存在。

## 1976 年第一次天安門事件

天安門事件有兩次，第一次天安門事件是指 1976 年 1 月周恩來死，6 月 4 日追悼聚會，群眾與當局發生衝突。這一次事件與反「四人幫」有關，但被當權者貼上「反革命事件」的標籤。

## 1989 年發生第二次天安門事件

第二次天安門事件發生在 1989 年，也經常被稱作「六四事件」；這一次事件對天安門廣場的學生、群眾發動軍隊慘殺，實際上是在 6 月 3 日晚上，這一事件震驚全世界，通常指的天安門事件是指此第二次天安門事件。本文所涉及的，即是這一次事件。

### 天安門事件前後的國際環境

天安門事件發生的背景，有國際潮流與中國內部的原因。國際背景影響中國的自由民主化運動。自 1988 年起全球的自由民主浪潮澎湃，自 1985 年戈巴契夫任蘇聯共產黨總書記以來，美蘇談判揭開冷戰結束的序幕，1988 年戈巴契夫在共產黨大會上宣佈改革中央集權的專制體制，接著釋放政治犯，翌年為受害者平反等措施。

東歐的民主化更加激盪，匈牙利、波蘭、東德、羅馬尼亞的變化，更集中在 1989 年。以後的年代有波羅的海三國的獨立，

以及喬治亞、克羅埃西亞（Croatia）、斯洛維尼亞等國家的獨立。整個潮流，影響亞洲，對中國也不例外。以上是全球民主化的背景的鳥瞰。

## 中國內部的變化

「中華人民共和國」自成立以來，一直籠罩在政治鬥爭的陰影之下，人民沒有好日子過。自由化與民主化是人類獲得尊嚴的起碼條件，在專制統治之下，常藉紀念事件、如追悼周恩來而發生群眾運動；但周恩來仍舊是一丘之貉，實際上並不能作為自由化、民主化的象徵。

中國在四人幫、華國鋒之後，是鄧小平的專制，1978 年 12 月中國共產黨第 11 屆 3 中全會提出政治體制改革與全面近代化。這使國際上誤以為是民主化的政治開放。

1978 年末到 1979 年初，為政治的自由化、民主化有「北京之春」的民主化運動，但鄧小平毅然逮捕魏京生，對這運動採強硬措施。這說明中國人民要從下而上的改革運動是不可能的。

1979 年 3 月 30 日鄧小平的專政派提出「四項基本原則」，即一、堅持社會主義道理，二、堅持人民民主專政，三、堅持共產黨的領導，四、堅持馬克斯列寧主義、毛澤東思想。鄧小平要救經濟，不能不改革，但四項基本原則很清楚的告訴中國人，要民主化、自由化是不允許的。

1987 年 1 月胡耀邦以總書記的身分被迫下台，1989 年 4 月

15 日死去，4 月 16 日北京大學出現大字報追悼胡耀邦，並要求恢復他的名譽。從此發生持久性的學生運動，一直到「六四」的大屠殺發生。[1]

## 關於天安門事件的文獻

天安門事件距今已 21 年，這期間有不少資料與專著問世。舉例來說，在 2001 年美國的紐約公共事務出版社出版英文的《天安門文件》（見 2001 年 1 月 7 日的《中國時報》）。又如信奉社會主義的歷史學者姬田光義教授，當時在天津南開大學從事研究（自 1988 年 3 月起，1989 年 7 月因形勢緊張而離開），將天安門事件前後的見聞寫成《中国──民主化運動の歷史》（青木書店，1990 年 4 月 15 日發行）。書中附有「北京‧天津的 66 日─1989 年 4 月 15 日~7 月 7 日」的時程記錄和見聞記錄，[2]但這主要是對群眾運動方面的見聞，對當權者的決策過程並不瞭解。但當時事件發生，台灣國內尚不知究竟，筆者便判斷是「鄧小平之獨夫行為」。[3]

---

[1] 這一年，拉薩也發生獨立運動。

[2] 姬田光義的著作，其「後記」與「追記」都是在台灣寫的，前者是 1989 年的聖誕節，後者是 1990 年 1 月在台北，當時台灣的民主運動澎湃，讓他有比較的機會。姬田一時來台，是日本的校方見形勢危險，6 月 18 日要他一時歸國，因此轉程來台。

[3] 6 月 4 日的台灣電視播放天安門鎮壓情形，當時筆者為首都早報總主筆，匆促寫成〈全人類都應共同起來譴責暴政！〉發表在翌日的報紙。文中有「這一次鄧小平之獨夫行為，即基於民主集中制的老人政治，方獲得逞」。其他報刊沒有能指出是鄧小平的專制與老人政治問題。此文收入拙著《追尋自我定位的台灣》，卷三，（台北：稻鄉出版社，1991 年 7 月）。

## 簡介兩篇文獻

此次刊載的兩篇資料，如上文標題所示：一是 5 月 22 李鵬等四人的會議紀錄之原件，一是 5 月 24 日楊尚昆向軍頭疏通的會議紀錄原件；意在調整「共識」，下達幹部，準備出兵屠殺。

當然，這兩件文件是內部不少會議中的兩件而已，由此可以看出北京的「行為模式」與「決策過程」，它的情形與朝代政治的宮廷鬥爭有相似之處。在台灣面對北京時，應該對北京當局的行為模式與決策過程做一番瞭解，筆者曾因此著文提倡研究「北京學」。[4]

這兩篇文件的由來是一位在新加坡大學的教授到北京大學講學，離開時由一位北京大學的教授送給他的。20 年前轉贈給我。

文件的紙張大小，介於 B4 與 A3 規格之間，與一般國家的規格不同。5 月 22 日的文件有 3 張，另一文件是 3 張半。兩文件的紙質皆帶黃色，質劣。印刷方式以打字，用舊式謄寫版式的油印，印製不佳，字體是簡體字。以上是關於文件形式的簡介。

---

4　〈提倡「北京學」〉，《自立晚報》，1996 年 9 月 25 日。

## 二、 「李鵬、楊尚昆、喬石、姚依林同志在 5 月 22 日會議上的講話要點（根據記錄整理）」一文之「提要」

關於上舉文件，筆者列舉「提要」如下：

1. 關於文中所舉的 4 月 26 日《人民日報》之〈社論〉，題作「必須旗幟鮮明地反對動亂」。對此，趙紫陽（總書記）要鄧小平承認錯誤；李鵬與楊尚昆等反對。

2. 5 月 3 日紀念「五四運動七十周年紀念大會」，李鵬、姚依林、李錫銘、喬石、楊尚昆要求趙紫陽的談話加上「反對資產階級自由化」，趙不同意。

3. 文中指趙紫陽「亞行」是赴北韓；回國是在 4 月 29 日。

4. 李鵬（總理）對改革開放的主張，不歸功趙而歸功鄧小平，語氣諂媚。

5. 趙會見戈巴契夫是在 5 月 16 日；趙透露最高決策者是鄧小平，這一點成為趙最大罪狀和被鬥垮的要因，國際上的報導也多認為如此。

6. 此文件的談話在 5 月 22 日。原訂 5 月 21 日戒嚴，提早在 5 月 20 日發布，楊尚昆強調唯有如此纔能保住北京的「安定」。

7. 楊尚昆主張「無可退」，「退」是「水壩最後的一個大堤，一退就垮了」。軍頭遵照鄧小平的旨意，主張出兵屠殺。

8. 從這一文件與 5 月 24 日楊尚昆對軍方的講話，知道軍隊的調動與佈署已經完成，要軍方不能有開明派，楊要各大單位主要負責之軍委將旨意下達。

9. 讀者若綜觀兩個文件，可以列出最高決策者是一批老人；當時有「八大老」的名詞。但該國的政權最高機構應是「全國人民代表大會」。但文件明白顯示不給「人大常委會」討論，以免發生「枝節」。可見人大會是橡皮圖章，可以不理會，政權與治權皆掌控在中國共產黨手中。中國是中國共產黨的國家，決非中國人民的國家。

## 三、 「楊尚昆同志在軍委緊急擴大會議上的講話要點 1989 年 5 月 24 日（根據記錄整理）」一文之「提要」

關於此一文件，筆者列舉「提要」如下：

1. 此文件是軍委召開擴大會議，由楊尚昆主導，告訴各大單位負責人，部隊雖已「佈署」好，進入狀況，但還未完全執行「戒嚴令」。

2. 文中指責趙紫陽的反覆，趙在國外時肯定 4 月 26 日社論，回國後否定。楊指該社論的重要性，即經政治局常委討論決定，最後獲鄧小平同意。（鄧是「最高決策人」）

3. 趙自朝鮮歸國後，5 月 3 日紀念「五四」的談話以及對亞行理事會理事講話，（1）肯定學生是愛國運動，（2）要以民主

法制之改革解決問題，鄧小平認為這是學運再燃的主因。(責任歸趙紫陽。)

4. 趙紫陽不能同意鄧小平及常委意見，表示要辭職。(此文件看出趙曾給鄧寫信，楊尚昆說得清楚；但內容有否扭曲，尚須其他文件對照。)

5. 文中看出所謂「德高望重的老同志」有陳雲、李先念、彭真、鄧小平、王震、鄧大姐等人主張鎮壓。所謂鄧大姐是指周恩來的夫人鄧穎超，李鵬是她的養子。

6. 文中，楊尚昆如 5 月 22 日的講話（見另一文件），強調不能退。「退，就是承認他們那些；不退，就是堅定不移地貫徹我們 4 月 26 日社論的方針。多少年來，幾位八十以上的老年人，坐在一起討論中央事情，這是第一次。小平、陳雲、彭真、鄧大姐、王老，都覺得無路可退，退就是我們垮台，中華人民共和國倒台，就是要復辟資本主義，……。」此即指出中共政權垮台之危機。

7. 對經濟失敗，精神污染，楊尚昆指責任在總書記趙紫陽，卻袒護總理李鵬；並指趙與胡耀邦「不反對自由化」，兩者是一樣的──這是路線問題。

8. 楊指出要換總書記，要軍方有心理準備。(也暗示路線方向，要跟進。)

9. 文中指責趙對戈巴契夫透露最高決策者是鄧小平，此事是趙

「推卸責任」。楊為鄧的寡頭政治辯護，但楊的講話也露出馬腳，自相矛盾；楊說：「這幾年的成績，根本政策是由小平同志提出，經政治局集體決定的，他只是執行。」他，是指趙紫陽。

10. 楊向軍頭交代五項任務，在此不重述；但奇怪的是第五點，要軍方先安撫學生和市民，然後下毒手。所謂「不能退」，即血洗天安門廣場。

11. 文中附有「楊尚昆講話刪去部分」，內容重要，譬如鄧小平認為一生最大錯誤就是任用胡耀邦、趙紫陽。也看出楊信任軍，對許多共產黨員認為靠不住。又其中第五點，也印證了一般研究者所說的，「人大會」只是橡皮圖章；必要時利用，但不給權力。

12. 其他：如民運的轉折過程，也很值得注意，應參照其他實錄的記載。

## 【附記：原件資料之一】

### 李鵬、楊尚昆、喬石、姚依林同志在 5 月 22 日會議上講話要點

李鵬同志：

最近中央雖然未開過政治局會，但常委多次研究過，幾乎所有老同志都參加了研究。總的認為，4 月 26 日社論是正確的。當前情況是一場動亂，是一場有組織、有計劃、有預謀的動亂。目的是要否定社會主義，否定共產黨的領導。現在越來越看得清楚了。所以黨內老同志和領導班子的同志都一致認為，絕不能從 4 月 26 日社論的立場後退。當然，那篇社論還可以寫得更好一些，把兩類不同性質的矛盾寫得更清楚一些。這都是總結經驗的問題，可以解釋清楚。但是社論本身沒錯。如果否定了它，就等於失去了整個精神支柱。

從深層的原因看，這次事件是長期自由化泛濫的結果，就是要搞西方的那一套所謂民主、自由、人權。有沒有美國的背景不好說，但是戈巴契夫來訪這件事，美國是不高興的。現在，後退是沒有出路的。你退一步，他進一步；你退兩步，他進兩步。已經到了無路可退的程度，再退就要把中國送給他們了。黨內幾位老同志一致意見不能退，但同意要嚴格區分兩類不同性質的矛盾。所以，我在 5 月 19 日的講話中特別重複了兩次「極少數、

極少數」。這樣的人確實存在，有在一線指揮的，二線三線的也有，相當高明，他們絕不是只搞一個月，而是作了長期打算的。

我們不希望黨內分裂，非常願意能夠團結一致。如果是一般性問題，即使在政策上有些不同意見，大家還可以討論達成一致。但是這件事不同。紫陽同志從朝鮮回來後，發表了 5 月 4 日在「亞行」的講話。這篇講話未經過常委任何一個人，是他自己準備的，調子與 4 月 26 日社論完全不同，而且散發很廣。這以後，大家至少看出一個問題：黨內有兩種不同意見。任何一個有政治經驗的人都能看出來。搞學潮的人也看出來了。紫陽同志 5 月 3 日在紀念「五四」運動七十周年大會上的講話，事先送給我們看過，我們幾個人提出必須加上「反對資產階級自由化」，他未採納。結果學潮不斷升溫，達到 100 萬人上街遊行的高潮，外地也有很多人來京聲援。中央最後才下決心實行戒嚴。

還有一個很值得注意的問題：我黨究竟以誰為核心領導，誰代表改革、開放，是紫陽同志，還是小平同志？這一點大家必須保持清醒的頭腦。10 年改革以來的主要方針、政策，都是小平同志提出來的。小平同志是最支持改革開放的。對世界來講，小平同志的形象是代表中國改革、開放的。當然紫陽同志也做了不少工作，但也是執行小平同志的。他在工作中也有不少失誤。他在與戈巴契夫的會談中，首先報告小平同志是我黨最高決策人，說這是十三屆一中全會決定的，我們所有重大問題都是通過他的。這是什麼意思呢？就是把小平同志拋出來了。結果第二天的口號

就是「打倒鄧小平」。如果要維護黨的團結、黨的核心的團結，我認為應當旗幟鮮明地維護小平同志。

最後再介紹一點情況：我在 5 月 19 日中央黨政軍機關幹部大會上的講話，是經過中央批准的。開那個會是常委的決議，實行戒嚴也是常委的決議。如果想到了要維護黨的團結，紫陽同志應該出席那次會議。但是他請病假了。作為總書記，身體不行，我來講，你主持會，或不主持也可以，由別人主持，你參加一下。他都不幹。是誰破壞了黨的團結？包括 5 月 19 日凌晨到天安門看望學生時他講的話，就把黨內分歧意見暴露給全國人民。

這場鬥爭確實很複雜，問題就出在黨內。如果不是這樣，不至於鬧到這種程度。這次事件有很深的原因，不從黨內解決，不從根子上解決問題不行。

楊尚昆同志：

從悼念胡耀邦同志開始，慢慢轉成政治口號：公開反對政府，打倒政府。當時紫陽同志在國內。他到朝鮮後事發展得更厲害了，發展到打倒腐敗政府、官僚政府，少數人喊出「打倒鄧小平」的口號。這時，黨內的老同志：小平、陳雲、先念，彭真同志都覺得性質變了。因此，就決定寫了 4 月 26 社論。小平同志的講話和社論的精神，用電報發給紫陽同志，他回了電報，完全同意。但是，他回到北京第二天就提出社論定性不對，定得高了，認為社論是錯誤的，要改這個社論，那時大家還是說服他：為了

團結，大家都要在這個社論的基礎上講話。接著他就有了幾篇東西，一個是 5 月 3 日代表中央在「五四」運動七十周年紀念大會上的講話。李鵬、依林、喬石、錫銘同志和我，都要他無論如何在這個講話裡加上一句「反對資產階級自由化」。他沒有接受。李鵬同志改的文字給了我，我找他說，好幾個同志都提了意見，這句話你是不是加上，他不同意。特別是紫陽同志在「亞行」的講話以後，小平同志知道情況不好，與陳雲、先念、彭真同志商量。後來在小平同志那裡開了個會，紫陽同志到了，我也算列席的一個，當時萬里同志已經出訪了。小平同志就提出一個問題：退，你們說退到哪裡去？我當時講，這是水壩最後的一個大堤，一退就垮了。小平同志說：我知道你們中間有爭論，但現在不是來判斷爭論的問題。今天不討論這個問題，只討論究竟退不退。小平同志認為不能退，問題出在黨內，要實行戒嚴。常委好幾個同志講了話，我也講了，認為不能退。紫陽同志態度那時沒講得很清楚，他說：這個方針我執行不了，我有困難。小平同志說，少數服從多數嘛。紫陽同志也講了，黨內有一個少數服從多數的原則，他表示服從多數。接著，晚上 8 點鐘就開常委會，我也參加了，布置怎麼辦。這個會上紫陽同志講，我的任務到今天為止結束了，我不能再幹下去了，因為我同你們大多數人的意見不一樣，我思想不通，作為總書記，怎能執行呢？我不能執行就給你們常委造成困難，因此我辭職。大家都說，你不要談這個問題，在小平同志那裡你不是同意少數服從多數嘛，還說了有決斷比沒

決斷好嘛。我說，紫陽同志你這個態度不對，現在是維護團結嘛，你卻在這時甩手。他說他身體不好。當時他對這個部署沒什麼興趣。以後，他給政治局、常委并小平同志寫信，說你決定的那個方針我沒辦法執行。我還是保留原來意見。他的意見就是讓小平同志承認 4 月 26 日社論錯了。小平同志講過一句很重要的話：紫陽同志，你 5 月 4 日在，「亞行」的那篇談話是一個轉折，從那以後學生鬧得就更凶了。紫陽同志在他的信中還說要辭去總書記、軍委副主席的職務。我批評了他。我講了五個不好：你總書記辭職，一是怎樣向全國人民交待，二是怎樣向全黨交待，三是怎樣向政治局交待，四是怎樣向常委交待，第五，最重要的，你不是口口聲聲講要維護小平同志的威望嘛，小平同志都講了話，你又同意了，你究竟是維護小平同志，還是反對小平同志。我說，這話講的比較坦率啊。最後他又寫了一封信給我，信中說尚昆同志，我尊重你的意見，我這封信不發了。但是，我還保留我的意見。因此，我覺得我工作很困難，貫徹不了這個方針。後來他打電話給我，希望我再給小平同志說一句話，希望小平同志承認 4 月 26 日社論錯誤的。我說，這句話我不能講了。以後，他就說病了，寫信講頭昏，請假。現在家裡，確實有病。據醫生講，是心臟供血不足，頭昏。後來，陳雲、先念、彭真、王震同志都知道了這個消息。這個消息是他傳出去的。他們說，這個問題要到小平同志面前解決。那天，小平同志找到陳雲、先念、彭真、王震和我，還有常委幾位、軍隊幾個人去談。陳雲、先念、彭真同

志都說太不像話了，對小平同志提出的戒嚴都表示贊同。不戒嚴，北京就處于無政府狀態了。這次會紫陽同志沒到，請了病假。

那天小平同志邀請陳雲、先念、彭真同志，都講了，問題出在黨內。如果黨內沒有分歧，是團結一致的，就不會有現在混亂的局面。北京已經不能維持了。必須戒嚴，首先要解決北京的安定問題，不然全國其他省、市解決不了。臥軌、打砸搶，不是動亂是什麼？我們都被管制了。

決定戒嚴後，軍隊來得匆忙一些，原定 5 月 21 日戒嚴，後來提前到 5 月 20 日。由於來得匆忙，思想準備不足。

最近有 4 個單位：中國經濟體制改革研究所、國務院農研中心發展研究所、中信公司國際問題研究所、北京青年經濟學會，前幾天冒充人民日報印號外，把紫陽講的一些話基本透露出去了，裡邊有很多謠言。說什麼趙提出的 5 條都被否定了，根本沒那回事。他提出用民主法制解決問題，大家贊成；提出清理公司，大家也贊成。這 4 個單位打電話給 27 軍，基本是傳單、號外上的東西。先念同志講，有兩個司令部。究竟有個什麼司令部在指揮？這裡開會保不了密，你們人大那裡開會也保不了密。

如果人大常委會現在要開緊急會議，肯定要通過一個同中央方針不一致的決定，搞不好 6 月 20 日還會有一個大的學生運動。所以現在不快點把底揭了很難辦。在大家看來，紫陽同志是個改革派。實際上，他改革的這些東西，基本上都是小平同志的方案。那些亂子，是出在他當總理的時候。小平同志有句話：這些亂子

是 3 年以前就很明白的，5 年以前就出現了的。（姚依林同志：李鵬作政府工作報告時，檢討那一部分紫陽同志通不過，是他修改的，最後歸納在李鵬身上。李鵬同志：他不承認是多年造成的，只說是今年這一年有失誤，所以，我說人大這個會議不能開。）

喬石同志：

自從胡耀明同志去世一個多月了，事情不斷擴大。這中間能讓學生下台階的，都採取措施讓他們下。維持了一個多月，沒有抓一個人，沒有流血。4 月 18 日學生在大會堂請願，北京市派了三位代表把信接下來，他們就認為勝利了，說要走了。第二天就衝擊新華門，有一部分人衝進去了，口號也很反動的。第三天又衝新華門，一步一步，好多台階可以下，但是始終沒有下來。現在看不能退了，我早就認為不能退了，我一直在考慮有沒有好的辦法了結這件事情？如果退一步能解決問題，早就退了。確實沒有別的辦法。現在戒嚴令發布了，我們不想發生衝突；但軍隊完全不進城也不行，實際上已經進城了。軍隊進城是要幫助維持秩序，保衛重點部門、要害部門，根本沒說要鎮壓群眾。公安武警的力量是有的，但非常緊張，一個多月沒好好休息了。這種局面如曠日持久，他們會認為你沒辦法了。目前，一方面把軍隊作為威懾力量，一方面找個適當時機清場，一部分警察，動員學校裡的黨政領導，加上，把學生拉扯走，公安部門也可以布置一些便衣協助。如果這樣能解決問題，最好這樣。拖下來的原因就是不

想動武，避免流血。現在軍隊不撤，問題不大。如果後退，他們就認為勝利了。但軍隊總待在路上不行，要進營房。希望人大、政協都去做點工作。

## 【附記：原件資料之二】

### 楊尚昆同志在軍委緊急擴大會議上的講話要點 1989 年 5 月 24 日

軍委決定召開緊急擴大會議，請各大單位主要負責同志參加，主要給同志們說一件事情，現在北京局勢還處在一個混亂狀態。雖然宣布了戒嚴，但實際上有些戒嚴任務沒有執行。有些執行戒嚴任務部隊受阻，為了避免正面衝突未強行通過。經過工作，現在多數部隊已進駐預定位置。前幾天還更亂，所有軍牌的車都不能通行。這樣的情況還不說是動亂？！首都的狀況就是動亂。這個動亂並沒平息。

一個多月來學生運動時高時低，總的是向高的發展。從耀邦同志逝世時開始一直到現在，大街上直傳的口號幾次變化，耀邦同志逝世時的口號是要為耀邦同志平反，接著就是「打倒共產黨」、「打倒官僚政府」、「打倒腐敗政府」。那時還沒有普遍喊出「打倒鄧小平」的口號，只有少數地方有。4 月 26 日《人民日報》社論發表〈必須旗幟鮮明地反對動亂〉的社論以後，學生把口號改了，不講「打倒政府」、「打倒共產黨」了，改成「清除腐敗」、「打倒官僚」、「擁護正確的中國共產黨」、「擁護四項基本原則」。

5月4日以後，突然我們有的同志說，這次運動是愛國的、是合理的，這一下子又掀起了一個高潮，之後，又發展到絕食。這些情況李錫銘同志有個講話，很詳細，中央已經發了，請大家看材料，這裡就不詳細說了。黨中央總是想緩和群眾的情緒，把事情平靜下來。但是他們越鬧越大，鬧得北京失去控制。同時，外省有一個時間也是比較平靜的，現在又鬧起來了，差不多各省市都鬧起來了。總之，我們每退一步，他們就進一步。目前集中一個口號就是「打倒李鵬」，這是他們內部規定了的，其它口號就不要了。他們的目的就是要推翻共產黨、推翻現政府。一段時間安定了，中央某人說話或者一篇文章出來，又起來了。然後又下去一點，接著又起來了。到了最後，搞得北京不得不宣布戒嚴。

為什麼會出現這種情況？為什麼搞得首都這樣失去控制？全國都發生大的遊行示威，而且提出來的口號專門對著國務院，為什麼會這樣？前不久幾位德高望重的老同志，陳雲同志、先念同志、彭真同志，還有小平同志、王震同志、鄧大姐，對這件事情都非常憂心，事情怎麼會搞成這樣子呢？經過分析事情發展的過程，得出這樣一個結論：這件事發生在學生裡頭，但根子是在黨內。就是說政治局常委有兩個聲音，兩個不同的聲音，按照先念同志概括的說法，就是有兩個司令部。本來 26 日的社論精神是堅決反對動亂，這是經過常委討論決定的，是小平同志同意的。當時紫陽同志不在北京，在朝鮮，把常委決定和小平同志意見打電報告訴了紫陽同志。他回了電報，是同意的，完全擁護的。

但是 4 月 29 日他回國，首先就提出來，這個社論定的調子太高了，定性是不正確的。這個社論講了反對動亂的問題，指出這場動亂是有組織、有計劃的，其性質是否定社會主義、否定共產黨。而他認為這是愛國的學生運動，他根本不承認這是動亂，一回來就要中央按照他的說法，要宣布這個社論是錯誤的。五個常委中另外一個聲音就出來了。接著他就講了好幾篇話。第一個是 5 月 3 日講話，是紀念五四運動的，當時還看不明顯，他很長一段講了動亂，說我們中國經不起動亂，這都是好話。但是裡頭有些話，說學生運動還是愛國的。最明顯的是接見亞行理事會理事的講話，這個話你們回去好好看一看，講學生是一個愛國的行動，是可以理解的，然後就提出我們確實有很多腐敗現象，是和學生想到一起了，我們將通過民主、法制解決這些問題，這個講話根本沒有說 26 日社論是否正確，繞開這個問題。但是動亂他講了。這是一篇相當重要的發言。所以鄧主席就講，這次學生鬧事經過幾次反復，兩種聲音出現，就是指的趙紫陽同志的這篇講話，這是一個轉折點。把中央常委的不同看法統統暴露在學生面前，學生更起勁了。所以就曾經出現「擁護趙紫陽」，「打倒鄧小平」、「打倒李鵬」。這期間，中央常委多次開會，說調子不能再變了。但是他堅持意見，在小平同志來開會的時候，他也堅持了他的意見，說他想不通，在學生運動性質這個問題上，不能同小平同志的說法和常委其他幾位同志的說法保持一致，因此，他就提出要辭職，說他幹不下去了。後來我勸他，這個問題大得很，如果把

性質變了，我們就都垮了，學校廣大的教員、校長，積極的學生統統都要挨個耳光，毫無立足之地，一直在學生中做工作的大學生黨員、幹部、校長等都要被打下去。這個時候學生就提出要成立他們的新的學聯，反對原來舊的學聯，而且要他們自己選舉，北京也出現有些類似文化大革命的樣子，如北京大學占領了學校的廣播台，把學生會的牌子砸了，政法大學也出現，好幾個大學都出現了奪廣播台，甚至破窗而入。現在的問題是把黨內兩個不同的聲音完全暴露在社會上，學生覺得黨中央有一個人支持他們，因此越鬧越厲害，要求開緊急人大常委會，開緊急全國人民代表大會，目的就是要明明白白地想用這些組織作出一條決議，否定 4 月 26 日社論，照他們的說法學生運動是一個自發的愛國民主運動。你們想一想，如果人大常委會作出這麼一個決議，那不是等於把前面那個社論都推翻了，現在他們正在積極搞這個事情，還在發動簽名。面臨這麼一個情況，我們怎麼辦？先念、陳雲同志都從外地趕回北京，要求無論如何要開會，要確定一個方針，究竟怎麼辦。當然還有其他一些老同志如彭真、王震、鄧大姐還有我們兩位老帥，都很關心這個局勢。究竟是退，還是不退？退，就是承認他們那些；不退，就是堅定不移地貫徹我們 4 月 26 日社論的方針。多少年來，幾位八十以上的老年人，坐在一起討論中央事情，這是第一次。小平、陳雲、彭真、鄧大姐、王老，都覺得無路可退，退就是我們垮台，中華人民共和國倒台，就是要復辟資本主義，就是美國杜勒斯所希望的，經過幾代之後我們

的社會主義要變成自由主義。陳雲同志講了一句非常重要的話，說這就是要把幾十年戰爭所奪得的人民共和國，成千上萬的革命烈士的鮮血換來的成果統統毀於一旦，就等於否定中國共產黨。北京的同志看得很清楚，在 5 月 19 日上午，紫陽同志到天安門廣場看望絕食的人，你們看他講了些什麼話下！稍稍有腦子的人都覺得他講得沒有道理。第一，他說我們來遲了，就哭起來了；第二，說情況很複雜，有好多事情現在解決不了，經過一定的時期終究可以解決，你們還年輕，路長得很，我們老了，無所謂。講了這麼一篇調子很低沉、一片很內疚的話，好像他有很多委屈說不出來。北京多數幹部看了他那個講話，都說這個人太不講組織原則了，太沒有紀律了。當天晚上召開北京市黨、政、軍幹部大會，本來安排他要出席的，但一到開會的時候，他突然不去，這樣一個重要會議，總書記不參加，人家馬上就看出了問題，原來安排他講話，他不到，等到開會的時候，大家還在等他，這個時候，軍隊就開始向北京開進了，原來是 21 日 0 點宣布戒嚴的，因為這個形勢不戒嚴不行了，所以就提出來 20 日戒嚴。那天本來沒有安排我講話，臨時不能不講那段話，因為軍車阻在那裡，不講幾句怎麼行呢？所以我講軍隊是奉命來到北京，是維護治安，絕不是對付學生的，你不信以後可以看。

社會上流傳的有那麼幾個研究所散布的材料，他們冒充人民日報印號外，講了五個問題，這個東西總政（編者按：「總政」是「總是」之訛？）可以印給大家看看。材料說趙紫陽同志提出

的這幾個問題，統統被常委否決了，根本沒有那回事，比如其中提出今後要納入民主法治的軌道解決問題，大家贊成的嘛，準備萬里同志回國後召開人大常委會。近一個月的時間，大家都在做趙的工作，說不能否定 4 月 26 日社論，否定了我們就站不住，他聽不進去。等到小平同志和我們幾位老前輩決定了不能退的時候，他寫了一封信給小平同志，說我不能幹了，我的想法與你們的想法不一樣，我思想上跟不上，我參加常委工作會妨礙常委執行幾位老同志出的主意，包括鄧主席在內。但當時他同意：第一，有決斷比沒有決斷好。這是最重要的一句話，退還是不退，總要有個決斷。小平同志同幾位老同志決斷了不能退，所以他表示了有決斷比沒有決斷好。第二，我少數服從多數，小平同志說這是對的，是黨的組織原則。最後他就撂挑子了。

所以我們說，問題的根子在黨內。關於這個問題，小平同志已有兩次講話，一次是說我們出了經濟失調、通貨膨漲，經濟過熱這些現象，這在五年以前就有了的，特別是最近三年比較嚴重，沒有採取預防的措施。另一次是 4 月 25 日的講話，說現在黨內有不同的聲音，就拿趙來說，在反對資產階級自由化上和胡耀邦是一致的，如果把反對自（編者按：「自」應是「資」之訛）產階級自由化的工作進行到底，也就不會出現現在這種情況，特別是反精神污染，只進行了二十天就罷了。這次事件和反對自由化不徹底有關，和不搞反對精神污染有關。所以說，紫陽同志說的話與胡耀邦同志不反對自由化性質是一樣的，這就把問題講透

了。還有一次,小平同志和外國人談話,說我們十一屆三中全會以來,十年最大的失誤是對教育重視不夠,接著說對在開放條件下進來的思想,我們沒有進行艱苦工作,沒有發揚艱苦奮鬥的優良傳統,所以他講的是兩面,一個是教育、一個是精神文明,不是只講教育經費不夠。小平同志思想是一貫的,堅持四項基本原則,做「四有」公民。

現在擺在面前的就這麼一個問題,怎麼解決?今天我想給軍隊各大單位的同志先打個招呼。中央考慮來考慮去,勢必要換領導,因為他不能執行中央的指示,同時另外還有一套。他就是要通過這樣一套立法程序達到他的目的,因為在黨內政治局大多數不同意他的意見,常委裡只有他一票。趙紫陽要辭職,傳到外面去了,現在外面就放出空氣,說是七老八十的人,怎麼能解決問題呀!我說這個問題很好回答。這是政治局常委多數作出的決定。這幾位老同志在黨內威望最高,歷史最長,而且對黨對國家有重大貢獻,小平同志不用說,先念、陳雲、徐帥、聶帥、鄧大姐、彭真,還有王老都是有重大貢獻的,在黨和國家這樣緊急關頭,他們怎麼不能出來說話!他們不能眼睜睜地看國家處於危亡狀態。這是一個共產黨員應屬的責任。現在有人散布說沒有什麼黨,都是一個人決定的,這是非常錯誤的,這件事的處理是中央政治局。中央常委多數人作出的正確決定,陳雲、先念,包括小平同志等老一輩革命家完全支持和擁護這一正確決定。戈巴契夫來華,趙紫陽對戈巴契夫講鄧小平同志的歷史地位,是完全應該

的，但是發表消息時，劈頭就講這個問題，講了很長一段，說所有重大問題都是小平同志決定的。稍有頭腦的同志都覺得是一篇推卸責任的話，把小平同志擺在前面，說明一切錯誤都是從他那裡得來的。最近他有這麼一系列的東西，我相信，你們都會有些感覺的。

現在全黨必須團結起來，一心一意貫徹 4‧26 社論精神，只有進不能退。今天就是給你們打個招呼，有個精神準備。特別重要的是軍隊無論如何要鞏固。軍隊是不是都思想通呢？這就要靠你們去做工作，我想大軍區一級的同志沒有問題，但軍以下會不會有人有問題呢？現在還有人說，軍委有三個主席，為什麼鄧小平一個人就能簽署調動執行戒嚴令的部隊，這些人根本不懂軍隊，只能欺騙學生。軍隊實行首長負責制，我們這些人只是協助主席工作，起參謀作用，他下決心不僅找我，還找學智、華清去了，秦部長也去了，他為什麼不能下命令。

我把這個消息通報給你們，黨的最高領導機構一旦有人事變動，免得大家感到突然。紫陽同志作了些工作，老實講，我們給他貼了不少金。這幾年的成績，根本政策是由小平同志提出，經政治局集體決定的，他只是執行。請大家來就是要作這幾方面的工作。第一，使你們心中有數。第二，回去開黨委會，跟大家講清楚，軍隊要傳達到團級幹部，團這級幹部非常重要。第三，黨委要統一思想，無論如何要統一到中央的思想上來，特別是軍隊。不執行命令，就要以軍法論處。第四，請你們特別注意院校，

院校的幹部、主任、教授要對學員作好工作。軍隊院校絕不能參加遊行示威和聲援。第五,現在到達預定地點的軍隊,要立即安置好,保証他們休息好。要下去動員,向基層幹部講清楚是怎麼回事。剛才我來的時候,鄧主席給我們傳了一個意見,要組織幹部戰士做學生和市民的工作,向學生和街道講清楚,我們是來幹什麼的。今天已經是戒嚴第五天了,五天我們沒有開過一槍,沒打一個人。這一點老百姓是清楚的。我們要有針對性地作好宣傳工作。

還有一些退休老同志,我們有分頭向他們打招呼,這是非常重要的一件事。退休幹部的工作不做好不行。

這些工作要儘快地做,開完黨委會以後看看情緒怎麼樣。幾天以後你們把大致情況簡單地做個報告。通過我們的工作,使中央決定的精神能貫徹下去。


附:楊尚昆講話中刪去部分:

1. 鄧小平說一生犯了許多錯誤,最大的錯誤是錯用了胡耀邦、趙紫陽這兩個人。

2. 趙紫陽 5 月 3 日講話,楊尚昆等要求加入反對資產階級自由化,趙拒絕。

3. 楊得志等七位上將受到批評,楊得志承認犯了大的政治錯誤。

4. 楊尚昆說要靠 300 萬軍隊和 4,000 萬黨員，但 4,000 萬黨員很多人靠不住。

5. 楊尚昆說：有人想利用人大來反對黨。

（本文撰寫於 2010 年；刊載於《民報》電子報，2014 年 6 月 3 日。）

# 中國不再「韜光養晦」──檢驗陸以正為中國說項

## 一、在中國海南省的兩場會議（2011 年 4 月）

今年（2011）4 月 14 日在中國‧海南省有兩場會議，一是在瓊海市舉行的「博鰲論壇」，一是在三亞舉行的「金磚五國」高峰會議。前者因連戰夫婦參加，台灣媒體趨之若鶩，後者因地方遙遠而記者忽略。所謂「金磚五國」指的是，巴西、俄國、印度、中國與南非；原來所謂金磚四國 BRIC，加上南非成為 BRICS，這一次會由中國主導。陸以正以「金磚峰會　批美捧中」為題，在 4 月 24 日的《中國時報》刊載他的文章。

## 二、陸以正捧中國領導人「韜光養晦」

陸以正不忘力捧中國的領導人，在國力「突飛猛進」時能「韜光養晦」，不妨在此看看陸氏如何說明：

> 中國大陸國力近年突飛猛進，在處理外交關係上卻遵守鄧
> 小平「韜光養晦」的教訓，盡量避免予人頤指氣使的印象。

> 北京發起並能推動的國際組織，過去只有一個「上海公報
> 組織（SCO）」。這次做為金磚峰會地主國，雖然暗藏與
> 美國競爭之意，也頗多收斂。

陸以正稱讚中國領導人「韜光養晦」、「頗多收斂」（是否
政策與實際仍如此，詳見下文），但責備下層以凸顯上層的領導，
陸接著說：

> 這番苦心似乎並未滲透到下層。政府喉舌《新華社》大張
> 旗鼓地宣揚這次金磚會。善拍馬屁的官員們跟著起哄
> （按，哄應作鬨），外交部長助理吳海龍、國家發展銀行
> 董事長陳元和對外貿易促進會副會長于平，都搶在三亞舉
> 行「吹風會」（大陸用語，即記者招待會。）

以上是陸以正抑下、揚上，要凸顯胡錦濤的「韜光養晦」。

## 三、中國何時公開放棄鄧小平的主張（2009 年 7 月）

1990 年代初，蘇聯與東歐的社會主義圈崩潰，中國共產黨內
部主張中國應領導殘存的社會主義國家對抗美國。鄧小平為了經
濟建設，呼籲不要做老大。1999 年江澤民稟著鄧的指示，召開第
九屆駐外使節會議，指示中國外交基本方針：

> 冷靜觀察，穩住陣腳，沈著應對，韜光養晦，有所作為。

以上「韜光養晦，有所作為」兩句最被常引用；意思是沈潛隱藏實力，積極蓄養，以自己實力所能，適當的作為，不要強自暴露頭角。

有關駐外使節會議是五年召開一次，在 2009 年 7 月召開的第十一屆會議仍倡胡錦濤任黨總書記（2002 年 11 月）以來所標榜的「國際協調路線」、「和諧世界」，[1]實際上在其國內各種勢力制衡下將「韜光養晦，有所作為」的「抑制外交方針」改作「堅持韜光養晦，積極有所作為」。

這個改變，表面上看來僅僅增加四個字，沒有大變化，在中國稱作「提法」，實際上有重大意義。中國共產黨的黨中央要求黨內有高度一致，由黨中央「提法」的變更，不准有踰越。過去對鄧小平的指示奉作金科玉律而墨守的情形，因黨內各種勢力之壓力而改變。

## 四、路線改變的背景和因素

對鄧小平外交路線的改變，因胡錦濤在駐外使節會議的演說全文並沒有公開，海外難以知道。對於路線修改的背景，金燦榮在東京演講時有如下的說明。[2]

---

[1] 參考《東亞》，507（東京，2009.9），頁 47-50。

[2] 金燦榮是中國人民大學國際關係學院的副院長，2010 年 10 月在東京演講，其內容參照國分良成編《中国は、いま》（東京：岩波書店，2011 年 3 月 18 日第一刷）一書之第一章論〈中國對外強硬姿勢之國內政治～由「中國人之夢」特變成「中國之夢」〉。此章由清水美和（Shizumi Yoshikazu）執筆。

第一，現實派的學者批判宥和外交有損國益；其次，中國的國家權益在海外也有增加，有保護的必要。第三，在國內有「利益集團」存在；外交上的妥協，在國內政治上不能接受。

所謂「利益集團」，金某舉中國三大國有石油企業為例。石油產業的利益集團對外交之影響比較突出，公司在海外投資，投資後的海外權益，要求外交部保護。[3]當然，所謂「利益集團」不只是石油業，中國的電力、交通、電信、能源業等的獨佔企業長期獨佔利潤，而都是黨、政、軍的油水。[4]總之，利益集團的抬頭影響內外政策而要求對外強硬路線，這也就造成各領域要求放棄「韜光養晦」路線；明顯的表現在 2009 年之外交與軍事上的不斷衝突，造成國際社會的不安。

## 五、另外諸因素

中國對外強硬路線不只是「利益集團」的因素。中國導入資本主義的市場經濟及外國技術，使經濟不斷發展而大國化。在黨、政無法主控人民解放軍的情形下，只好不斷滿足軍方需求；在江澤民與胡錦濤統治下、國防費連續 21 年以兩位數成長，將官升晉也很混亂；唯有滿足軍方的主張與索求，才能保住最高領

---

[3] 公司在海外投資，投資後的海外權益要求外交部保護。據金燦榮的解釋，這個情形在中國稱作一個公司、兩個制度。即公司賺錢基於資本主義，負擔風險的行動是基於社會主義。這些「利益集團」迫使走向對外強硬路線。

[4] 詳細內容參考清水美和論「特殊利益集團」的抬頭。其中還涉及到與日本在東海油田開發及釣魚台間之衝突，走向對外強硬路線。

導者的地位。[5]

　　中國傳統的「天下大一統」思想本來就蘊含著帝國主義思想。再加上軍方的對外強硬論和擴充主義一直存在，並不待 2009 年正式對鄧路線的改變。舉例來說，美國太平洋司令在參議院軍事委員會證實：2007 年 5 月訪問北京時，北京高官表示美國取夏威夷以東，中國取夏威夷以西；美中共有情報，則美國可以不勞在夏威夷以西展開海軍軍力。[6]這個情形如同十九世紀列強瓜分「勢力範圍」。

　　如今，中國將黃海、南海、台灣、西藏、新疆等都說是其「核心利益」，勢在必得。在中國歷史傳統而來的潛意識之「振興中華」的「愛國主義」下，對外強硬政策會受到庶民支持。但不僅是軍方，加上黨、政的既得利益階級造成貧富懸殊的不安之情形下，煽動「愛國主義」的對外強硬政策（尤其是對台侵略）滿足中國人一向的「大國夢」則是目前出現的現實。

## 六、滿足「中華帝國」的美夢

　　總之，陸以正為中國「說項」，謂中國「韜光養晦」，實際上如上文證明的，中國並未記取十九世紀帝國主義者擴充武備、

---

[5] 中國國防費連續 21 年的兩位數成長，參考上引書第 14、15 頁。國防費的實際數目，恐怕是公佈的三倍以上。

[6] 參考〈「太平洋の秩序」が一変する ─ 中国が米国と「共同管理」する海域に〉，《選択》（2008.4）。

煽動愛國主義而步步陷入不能自拔的教訓。

中國實際上是在追求霸權，但在軍事上必須先攫掠台灣作為「前進基地」。中國看到美國的衰相，反對美國的「一極支配」，主張推進「國際關係的民主化」，不只反對美國在國際上主導的勢力，實際上是要推翻幾個世紀以來由歐美建構的國際社會秩序，然後由中國取代。但是中國模式是什麼？終究會帶有王朝帝國的天下觀，以滿足所嚮往的兩千年來「中華帝國」的美夢。

【後記】本文摘錄刊在《玉山》周刊 No.103，2011 年 6 月 8~14 日出版；茲恢復原貌。

# 辨識當代中國的「國體」與歷史傳統的關係——介紹黃文雄教授的一本新書

黃文雄教授在日本著作等身，最近又出版一本新書，對目前中國的「國體」有精闢的詮釋，其論述如下。

## （一）

毛澤東有一句大家都熟悉的名言「槍桿子出政權」，但與近代國民國家的自由民主主義制度的原理大為不同。它的原理只限於適合中國的「政體」與「國體」的原理，至少應認為是無產階級專政（人民專政）的原理。

當然，這不僅是進入二十世紀成為辛亥革命與社會主義革命的國家原理，而且也是中國有史以來「馬上取天下」的「異姓革命」與「異族革命」的原理。

「異姓革命」的原理是基於「德」之盛衰的論說。「德」一但衰則基於「天意天命」由有德者成為天子，君臨萬民，甚至萬國；但是這樣的主張在現實的世界是不存的。中國所說的「德化」、「王化」、「華化」，實質上是無力的。「王道」或是「霸道」，

並不是二選一的問題。「異姓革命」云云實質上是「盜國」的強盜理論。

現在「無產階級專政」體制是最有中國特色，雖然如此自畫自讚，但是如果不能不斷的擴軍的話，甚至會無法自存自衛，諒這是從物理的暴力之文明的風土所產生出來的。「社會主義文明的創造」即使經過黨大會決議而不斷地歌頌，但「文明」不是祇有「決議」而能夠創造出來的；不僅是 8 千萬以上的黨員應該知道，13 億以上的人民也應該知道。現在中國文化與文明的「魅力」，也就是軟實力（soft power）已經不存在。孔子學院的新新儒教也是一樣。

## （二）

以上內容出自黃文雄教授今年（2017）4 月在日本出版的新書《世界を感動させた日本精神》（暫譯作《感動世界的日本精神》，株式会社ビジネス〔Business〕社出版）之〈序章〉。

黃教授提出的「異姓革命」在詮釋董仲舒的革命觀，即有德者受天之命為天子，德衰則天意已盡而應該讓賢，另由有德者相繼君臨天下。「革命」本來是革天之命，順天命安排而讓位，但現實的世界（中國）自歷代以來都是以「暴力」奪取政權。

黃教授不祇注意到「異姓革命」，也從中析出「異族革命」。這個詞彙更點出中國史上的「異民族王朝」的出現。在廣大的東

亞大陸逐鹿的是各種不同民族，不能只是漢族的「異姓革命」概念而忽略「異族革命」的內涵。此是說對東亞大陸不能只看作一個民族的「場域」，而是無數在歷史發展階段不同的族群的逐鹿舞臺，這是事實。從來沒有一個民族能夠「萬世一系」盤據在這場域，建構其「天下」、「正統」與「一統」；這些名詞都是自我認定的概念框架。但這些自我「虛構」、「設定」的概念卻渡海到台灣，把台灣框住；但必竟是「舶來貨」，不適應本土。

# （三）

話說回來，黃教授指出「槍桿子出政權」的現在政權，是承襲「異姓革命」的「盜國」原理。它不是「近代國民國家的自由民主主義制度」原理的產物。

筆者也認為今天的中國政權不是「近代」的，形同「前近代」王朝國家的「霸道」盜國；所以如此說，在「國共合作」對抗日本時，毛澤東利用潘漢年等人將情報賣給日本。毛是「出賣中國」的漢奸，沒有效忠他的國家，旨在建立他的王朝。但諷刺的是「毛澤東思想」是當今中國的指導原則（見下引憲法）。

但也因毛竊國成功，建立「赤色王朝」，一如「前近代」的王朝國家必須另改國號（這就是「前近代」的象徵）。但這個王朝國家是「中國共產黨的國家」而不是「中國人民的國家」；根據中華人民共和國憲法〈序言〉，有清楚的宣示：

中國各族人民的繼續在中國共產黨領導下，在馬克斯列寧
主義、毛澤東思想指引下，堅持人民民主專政⋯⋯。

這一段話很明白的說出祇有中國共產黨可以「領導」（當政），所
以中國人自己應該知道那是中國共產黨的國家（「一黨專政」）而
不是中國人民的國家。

台灣人更應對中國的「政體」與「國體」有根本的認識，那
是承襲中國傳統的專制主義。也就是中國自詡具有「中國特色」
的制度。台灣人所需追求的，藉黃文雄教授的話來說，是基於「近
代國民國家的自由民主主義制度的原理」所創造的國家；其歷史
發展的軌跡，<u>與中國殊途而不同歸</u>。

（本文撰寫於 2017 年 4 月 12~13 日；刊載於《民報》電子報，
2017 年 5 月 9 日。）

# 中國以「國家動員法」在他國內部從事動員顛覆的策略
## ——台灣國家面臨最大的危機

## （一）

中國在 2010 年 7 月 1 日實施該國國內的「國家動員法」。

河添惠子（kawasoe keiko）女士在她的文章（詳後）認為 2008 年 4 月 26 日中國竟能在日本的長野市「預作演習」。當時北京舉辦奧運，「聖火」傳到長野市，中國大使館與領事館動員留學日本的中國學生 4,000 人，還發生暴動。

根據當地居民的見聞，中國人在早上 6 時集結，齊呼口號，殺氣騰騰的毆打、腳踢西藏人，又以五星旗的旗竿戳人胸部，在中國人圍毆下，踢斷肋骨。

河添說，根據 2016 年的統計資料，在日的中國留學生有 10 萬 6,000 人。另外在日本還有「技能實習生」，據《產經新聞》在 2016 年 10 月 31 日的報導，5 年之內失蹤者超過 10,000 人。

這些人當然是非法的潛入日本社會。

根據對旅日中國人之採訪：如果中國對日本發生戰事的話，有9成以上的人會跟從指示；另外，中國學者與媒體也表示會配合。

河添憂慮日本為了簡化入國審查手續，2005年訂立「船舶優先上陸許可」制度，如果中國的軍隊裝作觀光客響應「製造事件」是不得了的事情。目前乘觀光船來的中國客，根據各方的報告，入港之後相繼失蹤者多。

## （二）

其次，談南韓的情形。

朴槿惠任韓國總統之際，一意傾中，向習近平獻媚，韓國儼然成為「附屬國」。

朴槿惠的父親朴正熙在總統任內（1963-1979年）對台、日友好，獲台灣不少支持，另一方面與日本簽訂「日韓基本條約」，促進經濟高度成長。但朴槿惠上任以來，對2016年台灣人選出的總統蔡英文之就任「冷淡」，不俱禮儀而且積極反日，親中。

但朴槿惠在2016年7月不得不接受美國防衛的佈署，接受薩德（THAAD）佈防，使習近平得手的韓國「屬國化」夢碎，意味著習近平在東北亞的戰略失敗。

於是習某開始報復，據說倒朴也參入一腳。兩國關係由「蜜月」跌到谷底。

接著中國在其國內發動「禁韓令」，拒買韓國貨。尤其因配備薩德而與政府交換土地的樂天集團遭殃。小學也拒食樂天製的食物。中國當局調查樂天集團的店鋪，被迫關門。事實上，是被沒收。

中國的觀光船到達濟州島，中國團的旅客 3,400 人拒絕下船而直接駛向天津，使在港口等待的客運公司、旅館、飲食店等損失不貲。

中國當局全面禁止旅遊團體赴韓國。

很顯然的，這是以「國家動員法」動員人民的實例。依賴賺中國錢的韓國觀光業與服務業倒閉者相繼。

## （三）

回想在台灣馬政權以來，開放來台觀光，忽而一緊、忽而一鬆，而明知是「操縱策略」而業者願意上勾，後來卻又要政府拿人民血汗錢補貼。中國國民黨與新黨配合中國演出，某媒體也配合，至今仍要求一面倒的傾中，「修復」對中管道，無異賣台。但這情形，將來還會不斷發生，中國的「國家動員法」還會不斷的用不同的方式顛覆台灣，甚至動員示威遊行，如今反改革的操

縱不無跡象可尋，而執政者對官箴疏忽，大小官或吏，凡碰到中國問題便自動轉彎而「禮讓」三分，「自宮」──閹了。無敵愾之心而以媚外自鳴得意。還有屢見的中國間諜案，法曹輕判。期有一日得意，可列入「貳臣傳」？！

　　總之，一旦敵人入侵，在台灣國內會有多少潛在團體和個人受其動員而阻擾我國自我防衛，則為當今執政者首要整頓之課題！

# 【附記】

1. 參考上文引河添惠子，即其文〈朝鮮有事で中国人 留学生，
　實習生 30 万人が起ち上がる〉見《Will》月刊，2017 年 6 月
　號。作者 1963 年出生於日本千葉縣。名古屋市立女子短期大
　學畢業。1986 年赴北京外國語學院、87 年赴遼寧師範大學留
　學。作者採訪 40 個以上的國家。對中國、台灣、移民問題、
　教育問題特別關注。著作甚多，近年活躍於論壇，多關心台
　灣、中國等問題，盼讀者多留意。

2. 今年（2017）9 月 24 日假台大田徑場舉辦所謂「中國新歌聲」
　活動，目前已證實是中國籍文藝活動行「統戰」之實。9 月
　27 日《自由時報》記載：「中華統一促進黨成員毆打台灣大
　學學生流血案，引發全國專注，在『白狼』張安樂領軍下的
　統促黨，警方已釐出有 26 人具竹聯幫中堅幹部身分，並涉入
　『政治暴力事件』，……。同時，警方在其組織架構中，查
　出暗藏有『竹聯幫的『六堂一隊』的支持，他們除是統促黨
　黨員人頭外，亦是對外『武力窗口』」。有關竹聯幫組織架
　構與張安樂在中國的關係，詳見報紙記載。

　此次事件黑社會竟然會參加「文藝活動」，並且侵入校園而
　毆打學生，是否中國以「國家動員法」動員，有待治安單位
　研判，想是另外系統之運作？

筆者此文寫在 9 月 24 日事件之前的 9 月 10 日，故其後發生之事件有待關心國家安全保障者追蹤，以了解中國統戰有多少指揮系統。

（本文撰寫於 2017 年 9 月 10 日；刊載於《民報》電子報，2017 年 10 月 17 日。）

# 中國（中共）的「民主政治」
# 究竟是什麼？

*自由民主的國家崇尚民主政治，一黨專制的獨裁國家也口沫橫飛的叫民主，中國是一個顯明的例子。中國（中共）所標榜的社會主義，再加上民主主義，是什麼涵義？*

*由於中國的統戰無所不在，又掛一個「中國」的名號迷惑了許多人，長期在台灣國內的歷史教育，甚至其他領域也都強調中國本位。中國中心主義支配台灣的政治社會；台灣的政治機構與國會，若碰到「中國」這個符號，便自貶身價。茲就從中共「十九大」的報告瞭解它的內容。*

2017 年 10 月 18 日，習近平在中國共產黨第十九次全國代表大會的報告，題目是「決勝全面建成小康社會，奪取新時代中國社會主義偉大勝利」，文長 4 萬 1 千字。

報告中提到「民主政治」，即是文中提到的「社會主義民主政治」，那麼這個詞句如何解釋？茲將這個詞句分作「社會主義」與「民主主義」分別加以說明。

　　所謂「社會主義」，據《岩波　現代中國事典》的解釋，有政治上與經濟上的界說。在這裡關係的是政治方面，即指由共產黨指導、實施的無產階級專政的政治體制，所以所謂「社會主義民主政治」即中國共產黨一黨專政的民主政治。

　　其次關於「民主政治」，據習近平的報告是「黨內民主」。但是對中國共產黨以外的如何處理？習近平的報告說用「社會主義協商民主」；這個「協商民主」如何協商法呢？就是用統戰的辦法，所以習的報告說「社會主義協商民主全面展開，愛國統一戰綫鞏固發展」。但顧忌「統一戰綫」不足成效，故以「愛國主義」的大帽子把它扣上。我人應該留意的是，「統一戰綫（統戰）」不只對外，對其國內非共產黨的個人與結社，也都是統戰操作的對象。

　　世界上談到中共的「愛國主義」時，恆常譯作 nationalism（民族主義），並不恰當。因為在中國境內，蒙古、維吾爾、西藏等等，過去（歷史上）都有自己的國家，當今他們都有他們自己的民族主義，尋求獨立建國。

　　話說回來，民主主義這個名詞常常令人困惑，問題是自由民主國家也常常使用這個詞彙；專制獨裁而魚肉人民的政權或國家更叫得滿天響亮。

　　台灣的國家目標，堅持自由民主主義，尊重人權；不要為中

國叫社會主義，或叫民主主義蠱惑；中國共產黨（習近平）的報告將兩個詞彙連在一起的所謂「社會主義民主政治」，正是他們強調的「中國特色」，但這個特色與中國共產黨成立以前的中國歷史文化沒有淵源。

　　總之，中國是中國共產黨的國家，並非中國人的國家。

（刊載於《民報》電子報，2018 年 1 月 7 日。另修訂於 2018 年 3 月 10 日。）

# 從華裔日本人劉勝德的「被間諜案」，看王毅何去何從？

## 一、習近平整肅國內外的「被間諜」

最近習近平政權流行逮捕間諜，波及由中國大陸直接去海外的華僑，甚至外國人；這些人過去都是支持中共產黨成立後的中國。

逮捕的目的種類多且複雜，這裡要介紹的是為了調查中國駐外機構的人員，甚至現任國務委員、外交部長王毅，而以「間諜」罪名逮捕親中共的華僑以及外國的專家、學者等人。尤其自 2015 年實施「反間諜」法以來，不僅是住在香港、海外的中國人、日本學者被邀請參加學會而被拘留的事例也相繼發生。

「被間諜」逮捕過的人，被釋放後不敢說出被逮捕、受虐的真相，怕被當局報復；對於被逮捕事件真正目的也不得而知，是否具體的抵觸該國法律當然也不清楚。

以下根據記者吉村剛史的記載介紹在日華僑「劉勝德事件」，他被設計赴中國的醫院商洽醫療合作業務，以「間諜嫌疑」被拘禁 116 天，即自 2016 年 11 月 22 日到 2017 年 3 月 17 日，約四個月。被釋放回日本後以 A4 大小的紙張寫了 11 張稿，題目〈岡山縣華僑華人總會業務訪中時被刑拘事件〉（暫譯）。

不過吉村氏的文章很長，計有 12 頁（載日文月刊《Hanada》，2020 年 11 月號），所涉及事項甚多，但筆者感到仍有隱晦之處，恐不免顧慮到某些事務與人物的安全。

## 二、事主劉勝德在日本的活躍

劉勝德的父親是福建人，他是 1946 年（昭和 21 年）出生於日本島根縣出雲市，是第二代華僑，不會華語。長年以來就與中國官方有連携，他對促進「日中交流」、「日中友好」以及留學生、華僑的事情都有出錢出力。他在岡山經營中華料理「天安門」，在當地相當有名，成為西日本華僑、華人的重鎮。李登輝前總統赴日時，他也參加反對示威。

他的頭銜很多：1.「岡山縣華僑華人總會（岡山市北區）會長」，2.「中國四國地區華僑華人總會會長」，3.「日本華人華僑聯合總會常務委員」與 4.「全日本華僑華人中國平和統一促進會」的副會長。關於 3、4 是日本全國性的組織，被中國釋放後辭掉這兩項職務。

　　劉氏有關這些職務的活動，曾在 2018 年 11 月在岡山市主辦日中民間友好團體的實務會議「第十六回日中友好交流會議」，同時也召開「第五十八回旅日福建同鄉懇親會岡山大會」，可見劉氏的活躍。

## 三、逮捕劉勝德的設計

　　2016 年 11 月 22 日劉勝德與他的屬下翻譯姜某乘中國東方航空的班機自岡山機場出發，到達浦東機場時，由「張家港澳洋醫院」派人來接機，一路到醫院，由該院院長出來迎接。

　　接著雙方舉行會議，商洽合作舉辦醫療旅行團、赴日醫療事宜，結果同意由澳洋醫院國際中心、岡山縣華僑華人總會與中國旅行社合作舉辦。醫療旅行團是針對有錢人赴日就醫，自不用多說明。

　　翌日回程，擬由浦東機場出發，但尚有時間，就到蘇州有名的明代庭園「拙政園」觀光，中午參觀後要到機場，就在停車場有 5、6 個男人圍上來，說是國家安全局的人，有事要問，由兩個壯漢押上車的後座，被挾在中間；前座的人拿錄影機一路錄影。在車上，眼鏡、護照被拿走，雙眼蒙蔽。他的屬下姜某，乘另外一部車。

　　車子在市內約走二、三十分鐘，帶到旅館房間，才撤下蒙眼。此蘇州旅館的房間是專門來逮人用的。

在這裡約經一個月後，以快車送到天津的旅館，也是專門用來逮人的。但這旅館比蘇州豪華。往天津的高速鐵路，所乘的不是一般乘客的車廂，是一般車廂後的專用車廂，隨行的是與審問劉氏有關的 26 人。

## 四、「被間諜」的疲勞審問

旅館的房間不論在蘇州或天津，一看就知道是用來審問的。窗戶密閉看不到外面，沒有電視、報紙、雜誌。是「精神上的拷問」。

審問時，先讀兩頁的紙張，罪名是間諜嫌疑，要拘留 600 天，居住由 2 名監視等。劉氏不曾探過軍事機密，也從沒有想過。他要求給他那兩張有關他個人的文件，但不受理。審問他的人表示是天津市國家安全局的；對他的間諜案要從實招來，中國共產黨對老實說、有反省的人，會很快的有好結果。

審訊到翌日早上 4 時，給小睡，7 時起床，8 時早餐，自 9時半到中午審問，14 時到 17 時又審問，19 時半到 21 時再審，22 時或 23 時就寢。這樣審問的情形連續不斷，睡時室內是亮的，有兩名監視員在監視。

以上，劉勝德被疲勞審問，長達 116 天，他也曾抗拒、不屈服，也怕無故牽連到別人，其事情依照吉村剛史的文章也無法在此細述所遇到的悲慘。他應該是華裔日本人，回到日本之後還是

會接到中國當局的電話，他仍舊有所顧忌，不接受採訪。問題是抓劉氏，其目的究竟如何？

## 五、逮捕外僑，真正的對象是鬥爭王毅

劉勝德被審訊的事項甚多，其中對於他幫助同胞被指為間諜，猛烈的抗議。但對方對於岡山縣華僑華人總會的職員曾經將公開開會的議程表提給日本公安當局，想藉此以監督責任處以極刑或長期拘禁。

另一方面，更重要的是以他僑領的身分必然跟中國外交官有很好的交際，並一一舉出這些人的姓名加以審問，但他都以他們很稱職，使他們免於受「反腐敗」鬥爭。

但審訊特別在意的是曾經擔任駐日大使王毅，尤其是其駐日期間的作為。劉氏表示對於現在 70 歲的他，要他說明 2005 年邀請王毅到岡山演講是甚麼原因，演講的內容是甚麼，劉氏因事情已經很久，而且，當時為事務方面的事情忙不過來，也沒詳細聽講更不能記憶，但審問方面要他「想一想！想一想！」等你多久也沒有關係，如果你想快一點回日本的話，「想一想」但不是聽你的意見，而是要如實的招來。

劉氏一直想大聲地說，中國國內的問題不要將海外華僑捲進去。劉氏知道他的事情背後原因是中國國內的權力鬥爭。習近平

鬥上海幫、共青團、紅二代,「打老虎,也打蒼蠅」,都是以「反腐敗」運動為藉口。王毅是在這鬥爭的延長線上的目標。

2013 年習近平為國家主席,共青團出身的李克強任國務院總理,以王毅為外交部長,又於 2018 年就任國務委員。

今年 8 月 30 日到 9 月 4 日,捷克參議院議長率 90 人的訪問團,不甩中國的抗議以專機蒞臨台灣,與蔡英文總統會談,雙方確認基於民主主義的價值觀相互合作。對此,王毅以國務委員兼外交部長身分對捷克猛吼,要捷克「付出嚴重的代價」。

對於這件事情,日本方面的中國觀察家對王毅在中國對外高壓的「戰狼外交」脈絡上,仍因循扮演「戰狼王」的角色而嘆息。王毅的行為不應該是一個外交官的行為,不難想像是受到習近平的調查與脅迫的影響。一葉知秋,王毅應該自己留一點去路⋯⋯。

## 六、曠世魔王毛澤東的再世,世界永無寧日

與劉勝德被抓的同一時期,日本的法政大學教授趙宏偉,以及立命館大學教授周瑋生也一樣在中國「被失蹤」數個月。後者周某曾經擔任「立命館孔子學院」的首任院長,曾在 2007 年溫家寶任總理,周為溫訪問立命館大學盡力,對僑界也有影響。

此外,在 2019 年 9 月北海道大學教授岩谷將也在北京的旅館以「間諜罪」被逮捕,經日本政府強烈的抗議,兩個多月後才

被釋放，但不敢受採訪。從這事件後，日本研究中國的學者開始躊躇，也影響學術交流。

一般認為中國「反間諜法」通過後開始對海外的中國人甚至日本人逮捕；其實早在 2013 年 7 月 17 日在日執教的朱建榮到上海開會時被逮捕，日本學界為救援運動猶疑不決，怕反讓中國有藉口加重對朱氏的罪刑。朱氏在日本紅極一時，被認為是江系的人，可以直通江澤民，故中國一旦有事，媒體就加以採訪。2013 年這一年的 3 月，習近平已經是黨、政、軍一把抓；國內的鬥爭延伸到海外，流氓治國，中國人哪來幸福？

（本文撰寫於 2020 年 11 月 6 日；刊載於《民報》電子報，2020 年 11 月 6 日。）

# 戰爭早已開始：中國侵略台灣的登陸計畫曝光——中共紅軍企圖從台灣西南部並迂迴到東部沿岸登陸

## 【提要】

前日本陸軍將領哈佛大學上席研究員（首席研究員）磯部晃一（Isobe Kouichi）在一篇〈戰爭業已開始〉的文章，介紹美國「國家安全戰略」與各軍種對中國侵略的嚴重性及戰略調整；後半段的文章具體舉出中國在非軍事方面滲透美國的事項與時間，並論述日本的白皮書（包括防衛、外交與警察各方面的白皮書）對中國太保守與曖昧，在國際社會沒有所謂「沉默是金」。筆者在此只簡介國家安全戰略與陸軍方面的報導。

## 美國「國家安全保障戰略」（2017 年 12 月）

歷代美國政權都不曾點名批判中國，迄至川普政權在 2017 年 12 月公佈的「國家安全保障戰略」公然批判中國，引起多方面識者震驚。戰略內容批判中國與俄羅斯同是修正主義勢力；數

十年來美國的政策一直希望中國採用自由與民主主義的體制（按：即指美國的「參與政策」Engagement policy 政策），但明確的失敗；該批判被認為是美國的「宣言」。

另外，數年來美軍對「中國人民解放軍」急劇的改變，認識到威脅。2018 年 5 月太平洋軍改稱為「印度太平洋軍」。

筆者在此想插一句話，台灣的媒體用「解放軍」一詞是不妥的，中共的將領強調是中國共產黨的軍隊，意謂非國家的軍隊，故應堅持稱作「**中共紅軍**」纔是！

## 美國各軍種強調中國是第一號敵人

接著磯部晃一將軍提到美國各軍種對中國直指是敵人的談話，並簡略提到各軍種急速重新擬定對中戰略構想。談話前後順序有印度太平洋軍司令、空軍參謀總長、海軍陸戰隊總司令，最後是陸軍方面。總之，美軍「戰略明確」，敵人是中國。

## 美國陸軍揭露侵台的登陸計畫

美國陸軍的機關刊物《軍事評論》（Military Review），該刊旨在探討美國的戰法、訓練、編成、裝備等等，是專門的刊物。但在 2020 年 9／10 月號的刊物封面有驚人的刊載；即從中國大陸有許多箭頭指向台灣各沿海地區。根據該刊的解說，是中國企圖用武力侵略台灣的概念圖。

中國企圖避開經濟集中地區，企圖由地上與空中火力壓制台灣部隊集中的海峽沿岸地區，再從防禦薄弱的西南部，以及迂迴到東部沿海登陸，佔據台灣。

## 美國陸軍與台灣保衛戰

該刊又介紹 Eric Setzekorn 博士指出對中國的戰爭，美國陸軍有機會扮演重要角色。在冷戰期，美國的焦點是放在歐洲。在東亞方面，唯有一次在韓國部署戰鬥部隊。冷戰後，2001 年在美國同時發生多起恐怖事件，之後在伊拉克、阿富汗對抗恐怖集團。但是現在，美國陸軍開始注視台灣海峽。這是自 1950 年代金、馬砲戰以來經過 70 年的情形。

美國國防總部加速賣給台灣導彈及火箭砲系統的武器；也首次決定出售無人偵察機「MQ-9B」。

以上內容根據磯部將軍的論述，刊載日本月刊《正論》，2021年 1 月號。

## 2020 年台灣面臨的威脅

中共匪軍一年多來從海、空圍繞台灣威脅，從上述美國陸軍在去年（2020）9／10 月的刊物已研判匪軍擬經台灣西南以及繞到東岸登陸這一點，從後來的幾個月針對西南威脅獲得證實。據最近的報導，僅就去年對我國西南空域擾亂總共有 380 餘架次（見

2021 年 1 月 24 日《自由時報》）。匪軍先是圍擾台灣四周的情形以模糊焦點的行動，最後顯出真正想突襲登陸的目標，不能輕忽看作為「威嚇」而了事。這一點從美國急於出售武備可以佐證。[1]

共匪的威脅除了空軍之外，從宇宙（太空）、海上、海底的偵測，以及滲透與內應，應該可以確認對台灣周圍的地緣已有十分的瞭解與掌握。

鑑於中共對印、太威脅，美國軍艦在這 1 年通過台灣海峽 13 次，最後一次是 12 月 31 日（見 2021 年 1 月 1 日的新聞）。

## 侵台與對美爭霸是一體的兩面

## （一）中國由陸霸走向海霸

國防部在去年送立法院的《一〇九年共軍軍力報告書》揭露中共海軍遠洋航行接近第三島鏈。

其實筆者在 2018 年 9 月在大阪的一場演講，曾指出中共軍方與習近平等人分別在 2007、2012、2013 年對美國提出瓜分太平洋，劃定「勢力範圍」。[2]最近的政治評論者才意識到中共的「一帶一路」不僅指向歐非，向東更延伸到太平洋。中國不僅用意在

---

[1] 美國總統川普在 4 年任內，軍售台灣計 11 次，有 6 次集中在 2020 年形勢的急迫狀況，自 2020 年 5 月 20 日起，到 12 月 7 起止。《大紀元》新聞列為 2020 年「台灣十大新聞」。

[2] 參考筆者，《中國現況與歷史問題》，（台北：稻鄉出版社，2020 年 1 月再版），上篇第 3 節。

政治與軍事上於美國爭霸權，滲透國際組織，顛覆民主國家維持的國際秩序，凌駕俄羅斯，建立世界性的赤色帝國，即中國人的「統治天下」，當代的用語作 Pax Sinica。

## （二）其次，利用美國大選，弱化美國，趁機掠取台灣

如眾所知，川普當選總統不久便與習近平「川習會」，但 2019 年 5 月習近平毀棄雙方的貿易協定，美中關係惡化，也是使美國徹底的覺醒。[3]

川普之前，中國自 1990 年代加入 WTO 以後，以「開發中國家」身分利用該自由貿易協定，獲得貿易巨利，（天安門事件後，李登輝率先開放對中國的工農商協助也常被忽略），並竊取科技工商情報。利用孔子學院滲透學術機構與政策研究和研發機構，中國人以平民身份在美國，甚至在全球負有間諜任務。

在美國大選期間，更利用民主國家的開放體制，將武漢肺炎的傳染當作生化戰，並煽動種族問題、散佈假消息，種種惡行是眾所周知，不擬贅述。

又利用美國選舉期間的黨派對峙與政權交接期，更展開侵台措施。所幸，美國國務卿蓬佩奧能劍及履及，沒有政權交接的「空窗期」讓中國得逞，並在外交與售武積極支援台灣，明確表明「一

---

[3] 參考筆者，〈美中關係惡化的關鍵因素〉，見 2020 年 12 月 10 日民報網站，2021 年 1 月《民誌》第 58 期轉載。另見本書第 281 頁。

個中國政策」,但「台灣不是中國的一部分」從過去「戰略曖昧」,基於「台灣不是中國的一部分」之事實而推翻國際對中國的綏靖政策,邁向「戰略明確」的一大步。但中共侵台之舉,仍舊躍躍一試。

## （三）中國戰狼外交預估對美國逞兇有用

拜登在 1 月 20 日就任美國總統,中國不是送給橄欖枝而是以強國之姿態以戰狼外交和軍事威脅對付美國;預料拜登政府對中政策會轉向妥協。

中國所以預估拜登會走向妥協,一是中國在過去對美國的智庫、政客和財經界與媒體都下過功夫,在川普任內這些既得利益者得不到好處;二是美國內部的矛盾(因論者已多不在此多說),三是大媒體在川普第一次參選時既已支持希拉蕊而反川普,川普當選後持續杯葛川普,這一點早在四年前的日高義樹就有詳細的論述。再者,美國國內的矛盾批評川普太過強勢、極端,這是在政治上、社會上常會看到的不管是合理與否,經常會出現的「反作用」現象。台灣也是如此,「心」與「智」太弱的人畢竟太多而怕改革太快。

法國人類學家托德(Emmanuel Todd),也是歷史人口學者,他曾為文論川普:雖然他不喜歡川普的談話方式,但是若無川普,自由民主國家將陷入危機,他希望川普當選。他又從美國之

內的情況加以分析批判，美國國內的所謂「菁英」（elite）及更高勢力的頭頭（the Establishment）不講是非。最近他又受訪，認為川普雖然失敗，但在歷史上會是一位留名的大總統。他也指出「幻想的中國」與「現實的中國」已不同，不要害怕「幻想的大國」。「全體主義」體制的國家，最後不可能成為世界的霸權；中國自 2020 到 2050 年之間人口會減少，急速的少子高齡化，中國的野心不能得逞，不能達到中國在 2050 年預設的目標。[4]

話說回來，習近平集團認為美國民主黨執政有機可乘，已如上述；也因此中國有持續不斷威脅的動作。就在 1 月 20 日拜登就任之前的 1 月 4 日，習近平簽署「中央軍委 2021 年 1 號命令」指示確保「全時待戰，隨時能戰」。拜登就任後旋即在 1 月 23、24 日出動 28 架次飛機擾亂我國西南空域，其中還有 8 架轟炸機。[5]此舉使美國國務院促北京停止對台施壓，日本官房長官加藤勝信在記者會也表示關切。

如上文所說的，中共利用美國政權交替時展現戰狼，但美國政權交替期間並沒有政治空窗期可利用；但對美國新政府施壓要換取「什麼」，雖然在輿論上有許多推測，但出動轟炸機試圖讓

---

[4] 托德的論述參考日文《文藝春秋》（2020.10）、（2021.1）受採訪的文章。
[5] 中共於 1 月 23 日派 8 架轟炸機、4 架戰鬥機、1 架反潛機，翌日再派 12 架戰機、3 架慢速機擾亂西南空域；兩天共 28 架次。又在 25 日，1 架運八反潛機進入西南空域防空識別區活動。以上，見 2021 年 1 月 26 日《自由時報》。

對方「擦槍走火」有機可乘,責任推給對方,換得翻轉國際社會的觀感。

若對習近平個人的觀察,他在福建與台商混多年,他的集團跟隨他轉進,在中國的黨、政、軍方面認為他是最瞭解台灣的。台商在其胯下會為台灣人表示不想被中國「統一」嗎?習近平以此認知是可以想像的。故對美國第七艦隊經過台灣海峽,中共軍方批評是支援台獨勢力並不感到奇怪。[6]目的在離間台灣內部及煽動「高級外省人」的反美、反台獨。

以上所說的中國對美國的戰狼外交、戰狼軍事動作被共和黨政府擋住有助於拜登政府。

但拜登上任後禁止聯邦政府對武漢病毒使用中國病毒(China virus)的稱呼令人費解;蓋中國病毒是一個歷史事實,拜登的綏靖,難怪使蓬佩奧(Mike Pompeo)感到失望。[7]當然,不會只是蓬佩奧感到失望。

---

[6] 美國軍艦在 2020 年通過台灣海峽有 13 次。第 13 次是 12 月 31 日美國第七艦隊主動公佈:伯克級神盾飛彈驅逐艦麥肯號(USS John McCain DDG-56)與柯蒂斯魏柏號(USS Curtis Wilbur DDG-54)通過台灣海峽。對此,中共軍方透過微博帳號發表聲明批評,「這是美艦再次『炫耀武力,挑釁攪局』對『台獨』勢力傳遞錯誤信號,嚴重危害台海地區和平穩定,我們對此表示堅決反對。」,《自由時報》,2021 年 1 月 1 日。

[7] 見〈拜登禁言中國病毒,蓬佩奧表失望〉,《大紀元》時報,2021 年 1 月 29 日。

　　接著是 2 月 4 日拜登在國務院發表上任後的首次外交政策演講，表示中共是美國「最嚴峻的競爭對手」，他的政府將「直接應對」，「反對它激進的強制性行動」，以「回擊中國（中共）對人權、智慧財產權和全球治理的攻擊」。拜登雖然這麼說，但是也表示「我們也做好了準備，在符合美國利益時與北京合作」。（據 2021 年 2 月 6 日《大紀元》時報的記載）拜登這樣的言詞，很像一位老紳士對付流氓有氣無力的談話；也好像回到歐巴馬時代的「參與政策」（engagement policy）。習近平不會在乎的。

　　又拜登上任後，各行政部門還未一致，若為拜登個人、家族或集團的經濟利益對中國放鬆，等於協助習近平有資金擴充武力。習近平目前整肅私人企業，充公的財產不但可以救他的經濟衰退，還可以持續以武力威脅。換一句話說，拜登若能延續川普的政策對中國經濟制裁，就是釜底抽薪，使中共減少軍費用在侵略的軍備上。

　　總之，拜登必須更積極的延續前任的政策協防台灣；台灣在地緣政治上與地緣經濟上是處於防衛美國本土及其盟國的最前線，所以有「不沉的航空母艦」之稱。美國的國家利益在台灣。

（本文刊載於《民報》電子報，2021 年 2 月 19 日。）

・國際戰略與外交・

# 日本「釋憲」與日、美同盟的「進化」

目前，台灣的媒體纔留意到日本總理安倍晉三對於履行日美安保協定之同盟「共同防衛」（攻防，即「集團的自衛權之行使」）問題，不循「修憲」途徑，擬以重新對憲法的解釋（釋憲）來解決。

## 安倍發表「釋憲」的時間

安倍首次表明這個決定，依據細谷雄一教授的解說，是在 2013 年 9 月出席紐約 Hudson 研究所領獎演說中表明的。[1]

## 日本開始有了安保戰略的制定

但訪美之前的 9 月 12 日，在總理官邸召開「安全保障與防禦力懇談會」，安倍在會議開始時劈頭就表示：

> 現在的國際社會沒有一個國家能夠單獨維持自己的和平與安全。安倍內閣基於國際協調主義、積極的和平主義立場，擬積極的參與世界和平與安定，以及確保繁榮。

---

[1] 細谷雄一，〈安全保障を語る秋〉，《東亞》，557（東京，2013.11）。作者是慶應義塾大學法學部教授。

據細谷教授的解釋，認為有此認識，<u>日本纔開始有了「國家安全保障戰略」的制定。</u>

## 合乎憲法精神的「國際協調主義」一詞之法源

安倍以「國際協調主義」作為安全保障政策的基礎，而此「國際協調主義」被認為是合乎憲法的精神，藉此而日本進一步詮釋憲法。首先看「國際協調主義」是根據什麼而來？

1955~1957 年（昭和 30~32 年）日本發生反對美軍在立川基地擴張事件的鬥爭，這事件稱作「砂川事件」。1959 年 12 月 16 日最高法院的判決，裁判長田中耕太郎是鼎鼎有名的東京帝國大學部部長、商法學者，他在判決書的「補足意見」大致是說：

> 今日的日本已經沒有嚴謹意義的自衛的概念存在，自衛即「他衛」，他衛就有自衛的關係。……這是從諸國民之間存在的相互依存、連帶關係的基礎，自然的、世界的道法秩序所發生的國際協同體的理念而來。這是可以由憲法前文的國際協調主義之精神，獲得認可。[2]

以上田中的意見，<u>是由國際的觀點，認識到憲法前文內在的「國</u>

---

[2] 北岡伸一，〈韓国はなぜ集団的自衛権を恐れるか〉，《Voice》（2014.1）。北岡教授自 2012 年擔任政策研究大學院大學教授。曾任東京大學等教授，以及日本駐聯合國的特命全權大使。安倍兩次組閣，北岡皆擔任「内閣総理大臣諮問機関」之「安全保障の法的基盤の再構築に関する懇談会」（簡稱「安保法制懇」）之成員。此次安倍第二次組閣，北岡為該懇談會之代理主席並參與研討。北岡此文即在說明安倍內閣之立場和各種政策，故甚是重要。

際協調主義精神」的重要性，以為自衛的措施是合憲的。這就是
目前安倍政府重新「釋憲」的基礎。[3]

## 所依據的憲法內容

那麼，田中耕太郎所說的「憲法前文的國際協調主義之精
神」，所依據的憲法內容是什麼？以下一段憲法，即是：

> 我們相信：任何國家，亦不應該只專心於自國之事而無視
> 他國；政治道德的法則，是普遍的；遵從此法則，是為要
> 維持自國的主權，與他國站在平等關係的各國之責任及義
> 務。[4]

論者認為戰後的日本遠離此憲法前文所設定的「國際協調主義之
精神」，儘量迴避「國際安全保障」，專念在本國，對於 1990 年
代以來持續不斷的盧安達、科索沃等等的不人道問題，日本只考
慮自己的「和平主義」。

因此，安倍政權的釋憲，藉憲法精神，改轍走向「基於國際
協調主義之積極的和平主義」路線，以適應全球化時代無法以單

---

[3] 日本未重新「釋憲」前，日美同盟關係逐步在進展以應付過去國際緊急事故，
參考 Beina Xu , "The U.S.-Japan Security Alliance." 日譯作，ベイナ・シュウ，
〈進化する日米同盟〉，刊載日文本的《Foreign Affairs Report》（2013.10）。
日譯本題作「進化」，頗有意味，說明了安倍此次「釋憲」前，過去已有若干
逐步「解套」的事實累績。

[4] 關於所引日本憲法譯文，依據許世楷編《世界各國憲法選集》，前衛出版社，
1995 年 6 月出版第一刷。

獨一國維持和平與安全，並且面對中國的威脅。

## 「積極的和平主義」與亞太「戰略平衡」

總之，「日美同盟」關係得以邁前一大步，可以用「進化」來形容。日本由自我「設限」的憲法詮釋解放出來（自我解套），因此 2014 年末的日美「防禦指針」諒必乘勢修正和加強。

細谷教授認為日美兩國財政上的限制，難以對付中國的擴軍；日美加強緊密的合作，一方面使日本自己獲得和平與安全，另一方面使亞洲太平洋區域的「戰略平衡」能夠安定化，這很是重要。這就是日本一改過去的「消極和平主義」（或被稱「一國和平主義」）邁向「基於國際協調（合作）主義之積極的和平主義」之意義。

（本文撰寫於 2014 年 2 月 9 日；刊載於《民報》電子報，2014年 3 月 31 日。）

# 從介紹「戰略文化論」的著作說起
## ──兼說人文社會學界的出路

　　岡崎久彥著有《什麼是戰略的思考》，岡田英弘有一篇短文的書評，將其摘錄如下。

　　岡崎久彥對公元 663 年在朝鮮半島的白村江戰敗之事批評說：「力的關係對我方有利時，對於對方不行而格格地高興而不出兵。等戰力的關係逆轉而對方轉為高姿勢時，這一來就憤怒要進攻，這既不是情勢判斷，也不是戰略，而是令人驚訝的單純思考。就是這樣運作了 1,200 年，這是國際環境嚴峻的國家難於想像的事情。現在甚至對日本周邊的客觀的軍事平衡視作無睹，寧可以國內事情為中心構築日本的戰略；這種的發想屢屢出現之背後，是有這樣的歷史傳統。」

　　以上是岡崎久彥對 663 年白村江之戰，日本的勢力被驅逐韓半島之後的日本對新羅、對唐政策之評語。岡崎曾以長阪覺（Nakasaka satoru）的筆名著有對鄰國之思考，引起日本人對韓

國重新認識的潮流。岡田稱讚岡崎是優秀的外交官，任職防衛廳則是防衛問題的權威。

岡崎傑出的日本戰略論，從上文的引文就可以看出他針對日本的國際關係有深入的研究，不只是對「勢力均衡論」，他的根底是基於對歷史與文化的洞察；不用說是對兵器的質、量的比較論，並且已超越搬弄憲法議論的立場。

岡田推薦這一本書作為教養書，以滋養自己，也是一本「戰略文化論」的著作。

再說這一本書很有意思的是作者指出日本能基於現實的戰略執行（完成）國策，只有從日清的甲午戰爭到日俄戰爭而已，這個時期是日本戰略史上的例外。

「通常日本舊軍方的缺點，不是盎格魯撒克遜流的重視情報戰略，而是採用普魯士型的執行任務型的戰略，即是說，不是先透視是否能戰勝纔從事戰鬥，而是以所給的兵力與所賦予的任務，再來看如何達成。」

「日俄戰爭」日本軍個個在戰鬥上發揮驚人的戰鬥能力，最後贏得戰爭的勝利，這勝利好比是美國國內充滿厭戰的氣氛而由越南撤退的結果，而北越獲得勝利的情形。

然而由於贏得太漂亮的關係，之後的日本戰略思想就轉為偏重戰鬥能力。明治 40 年（1907）的「帝國國防方針」是由軍部草擬的，是以武力為中心之攻勢作戰的速戰速決主義，即是說以戰略為思考的情形不知到哪裡去了。

最後岡田陳述對岡崎著作的感想：現在日本根深蒂固的非武裝中立主義的主張，正是處於「帝國國防方針」的延長線上。即是忽視戰略，只注意兵器與兵員的戰爭因素；這是淵源很久之思想。

以上是岡田評介岡崎的戰略思考的內容。但岡田之著作寫於 1983 年 9 月，如今日本的戰略思想是否仍舊如岡田之評論，筆者不敢置一辭。但要喚起注意的是國人應有戰略思考，關心自己國家前途。但戰略的研究，世界有名的戰略學家莫不重視歷史與文化作為研究的基礎，意在點醒從事人文社會科學的人（尤其是歷史學界的年青人），研究戰略籌組智庫或從事智庫工作，為台灣這個國家百年設計，不論是為個人或社群都是一條出路。「戰略學」有「戰略文化論」這個概念，是最好的啟示。

再說文中看到的對白村江之戰與日俄戰爭的反省，這樣的戰略思考都不是一般史書所能洞察的。不僅如此，文中所提的論點，用來反照目前台灣的情形是有必要的。

總之，從台灣政界之混沌看來，不管是為目前或為將來打算，都有積極策劃在學院獎勵研究戰略之必要。

# 【附錄】

## 文中提到的人物與著作

1、岡崎久彥是一名傑出的外交家，著作甚多，文中提到他的著作《什麼是戰略的思考》，原書作《戰略的思考とは何か》，中公新書，1983 年 8 月出版。

2、岡田英弘教授介紹岡崎的文章，收錄在《岡田英弘著作集》第七冊，此書是今年（2016）2 月 28 日由藤原書店出版。岡田研究的領域甚廣，包括支那史、蒙古史、滿州史以及日本古代史。

岡田教授畢業於東京大學文學部東洋史學科，26 歲時，因「滿文老檔」的共同研究，榮獲日本學士院賞，是史上最年輕的學者獲得此榮譽。岡田曾留學美國與西德，歷任華盛頓大學客座教授、東京外國語大學亞非言語文化研究所教授、東京外國語大學名譽教授。「著作等身」是對他最好的描述，他的《著作集》第六冊之第二、三部都是關於台灣史及台灣面臨的問題。

他的夫人是宮脇淳子教授，是蒙古史、中國史的專家，她的著作《這才是真實之中國史》最近在台灣翻譯出版，陸續將會出版她的《這才是真實的滿州史》。

（本文撰寫於 2016 年 3 月 16 日；刊載於《民報》電子報，2016 年 3 月 19 日。）

# 台日同盟，防衛釣魚台

## 譯者的話

本文作者以日台同盟防衛釣魚台為題。但作者是美國人，以日文發表在 2016 年 8 月號的日文月刊《正論》；作者之姓名也以日本拼音發表，即ロバード・D・エルドリッチ（Robert D. Eldridge），其簡歷見後。文中有幾個論點甚是重要，不擬在此重述，希朝野有識者多加考慮。對台、日來說，作者是第三者，為儘量依其論述，除例外將「尖閣」譯作「釣魚台」，餘者多以直譯保持「原味」。

作者：Robert D. Eldridge

1968 年生於紐澤西州

1990 年維吉尼亞州・林森堡（Lynchburg）大學國際關係學院畢業後，以 JET Programme 赴日

1999 年神戶大學法學研究科博士課程後期課程修畢，獲得政治學博士

自 2001 年受聘大阪大學大學院國際公共政策研究科准（副教授）

2009 年到 2015 年擔任沖繩美軍陸戰隊政務外交部次長

作者著作有：《沖繩問題の起源》、《尖閣問題の起源》（以上由名古屋大學出版会出版），《奄美返還と日米関係》、《硫黄島と小笠原をめぐる日米関係》（以上南方社出版），《オキナワ論》（新潮新書）、《次の大地震災に備えるために》（近代消防社出版）、《誰が沖繩を殺すのか》（PHP 新書）、《危険な沖繩　新日米国人のホンネ警告》（產經新聞出版）。

## 譯文

### 一、台灣確實有了變化

今年有機會在台灣參加蔡英文總統的就職典禮，逗留期間曾到前總統李登輝府上打擾，有兩個半小時的採訪。他身體很硬朗，以我一個美國人能用日本話交談似乎感到不可思議，但是終於有意義的交換了意見。

此次總統選舉的爭點，許多台灣人對於物價上升、馬英九的國民黨太過接近中國感到不安，兩點視為重點。對於台灣選舉趨勢的明朗，中國採取嚴加對應，其經緯不是以往對前總統就任前後採取的軍事威脅，而是用一切所有的手段對台灣施加壓力。

舉例來說，對中國人渡航到台灣嚴加限制，台北等旅館住宿率在一半以下的情形，不難明白。許多台灣人似乎感到是中國的經濟制裁，即使是這樣，保持自己堅定的認同。現在想與中國合

好的台灣人只不過一成，構造上，已是中國愈施加壓力，台灣愈離而去之。

有關他們的認同問題，我問一個女性說：「你自己認為你是中國人？還是認為你是台灣人？」但她反而對我質問：「你的根是在什麼地方？」我說：「我的家族（Eldridge）在愛爾蘭、英國、德國有根。」「但是現在的你是美國人？同樣的，比如說即使在中國有根，我是台灣人。」給我很容易瞭解的說明。

此次總統的選舉與蔡總統的就任儀式，日本國內的報導之少使我很驚訝，現在的台灣確實發生變化。變化的象徵是新政權的姿態。蔡總統企圖表明與前任者的區別。舉例來說，關於沖之鳥島，前總統馬英九與日本對立，但蔡總統政權誕生後幾天，對該島表示「是島還是礁，不予主張」的立場；她的意向是構築與日本協議的機制，以對話來解決。這使日台之間的緊張某程度的解除，與前政權很顯然的傾中政策比較起來，已能高度期待台灣與日本接近，對東亞的安定來說，也是應該歡迎的變化。

## 二、沖繩歸還與釣魚台群島的處理

1971 年 6 月 17 日，日美兩政府對於長期在美國統治下而包括釣魚群島的琉球群島，締結歸返協定。[1]經過 11 個月後的 1972

---

[1] 參考《有關琉球群島與大東群島，日本國與美利堅合眾國之間的協定》。

年 5 月 15 日，美國將地緣政治學與戰略上極為重要的南西群島之施政權歸返日本。

其統治是根據 1952 年 4 月 28 日生效的對日講和條約（譯者按：即舊金山對日和平條約）第三條而開始的。第三條曰：

> 日本對於美國向聯合國所作任何將北緯二十九度以南之南西群島（包括琉球群島及大東群島）孀婦岩以南之南方諸島（包括小笠原群島，西之島及琉璜列島）及沖之鳥島與南鳥島，置於託管制度之下，而以美國為其唯一管理當局之建議，將予同意。在提出此項建議並就此項建議採取確定性之行動以前，美國有權對此等島嶼之領土暨其居民，包括此等島嶼之領水，行使一切行政、立法及管轄之權力。[2]

沖繩歸還後，日本政府非常煩惱的是釣魚台群島的處理問題。美國擬將包括釣魚台在內的沖繩歸還，雖然日本政府要求清楚記載，並未答應。其理由在拙著的《尖閣問題的起源》有詳細的介紹。當時與美國有同盟關係的台灣，以及尼克森政權下的季辛吉在協調秘密訪問之中國，也都對釣魚台主張領有權，美國不能不意識到問題的存在，這是當時的時代背景。結果到了今天，

---

[2] 此條文譯者錄自中文譯本。但中文之官方譯文有待商確，文末應是「行使行政、立法以及司法上的權力之全部及一部分之權利」；應以英、日文本為準。

美國關於領有權問題希望日中台的當事者能夠協商解決而採中立的姿態。

當然如美國政府所說明的，日美安全保障條約第五條適用於釣魚台群島，那是「容易辨識武力攻擊」的情形；但可以考慮到第五條適用外的「種種可能發生的劇本」。如今年（2016）5月美國太平洋艦隊司令官所提起的，[3]在南海作戰中的兩艘神盾艦被武裝漁民所乘之「偽裝漁船」包圍，這事實就是「種種可能發生的劇本」，如何對付日本也應檢討。

有關釣魚台問題，美國的「中立政策」很清楚的與美國本來的政策與主張不同，當時的日本政府不滿也是當然。最早琉球列島在美國民政府時代之資料，明確記載釣魚台是沖繩的一部分。

又在舊金山講和會議之際，美國的代表、又是講和條約的設計者杜勒斯對參加國際會議者針對「對日和平條約」第三條以口頭說明，日本對南亞群島（及南方群島）有「潛在主權」獲得諒解。總之，釣魚台是沖繩的一部分，**日本如果對沖繩有潛在主權，則日本在事實上（ipso facto）對釣魚台有潛在主權**。若是這樣，有關戰後的沖繩統治是有「唯一施政權者」的美國，「有權利對此等島嶼之領土暨其居民，包括此等島嶼之領水，行使行政、立法以及司法上的權力之全部及一部分之權利」；美國持有的這些

---

[3] 美太平洋艦司令官之日譯姓名スコット・スウィフト。

在歸還日本之際，當然其「潛在主權」也就是主權，也就應該照樣承認。但是很遺憾的，因前述國際關係的理由而未能如此。

所以在這裡表示遺憾，是因美國姑息的態度。當時爭「中國的代表權」之蔣介石政權下的中華民國與毛澤東的中華人民共和國，沒有根據而主張釣魚群島的領有權，特別是中國在軍事力與經濟力附身，和平的解決困難，這是迄至今日之經緯。**為了紛爭而採中立的美國，因其曖昧的政策反而使釣魚台問題複雜化，招致各國間的紛爭。**

這種情形有人主張是美國企圖的「陰謀論」。其說法是以釣魚台留作將來的禍根，使該地域造成對立關係，則日本在長期間需要美軍的駐留。這樣的劇本是荒謬的。這主張沒有史料與證言的證據，對於一個愛母國的美國人來說是非常遺憾，但美國或是美國人沒有所說的那麼能幹。沒有比這地域的不安定化更有損美國的國家利益。若要說，應該留意到當時是美國寧願減少駐留在亞洲的時期。那麼，當時是誰決定曖昧的將釣魚台仍舊擱置下來，而且為什麼？**我個人的看法是季辛吉等當時美國政府的高官太過在乎中國而無知、沒勇氣的結果。**

### 三、為什麼台、中想要釣魚台？

關於「潛在主權的存在」之論法，是當時堅韌耐性的吉田茂首相對美國的交涉，對此我給很高的評價。

沖繩的歸還，國務院與遠東軍贊成，但最後在華府的統合參謀本部反對。結果是 1953 年 12 月位在南西群島北部的奄美群島（鹿兒島縣）先歸還日本，造成以後沖繩歸還的先例（詳細參考前述《沖繩問題的起源》與拙著《奄美歸還與日美關係》，南方新社，2003 年）。**如果沖繩在 1952 年能按照日本強烈的希望歸返，就不會有釣魚台的問題存在。**當時台灣與中國對釣魚台全都沒有說什麼，所以可以如此斷言。中國主張釣魚台是沖繩的一部分，台灣發行的地圖也是將釣魚台作為日本的一部分。

改變這個情形是 1968 年聯合國遠東經濟委員會（ECAFE）所作的學術調查。**釣魚台群島周圍的大陸棚有豐富的資源存在之報告書，使中國與台灣對釣魚群島的態度改變**，諒是有十足的吸引力。兩國先是主張「反對釣魚台群島歸還日本」，漸漸的主張「釣魚群島是本國的領土」。希望和平解決的美國不仲介，日中台也沒有在國際法庭競爭。

**日本現在是採取「關於釣魚台群島的領土問題不存在」的立場。這在歷史是沒有錯誤，但從國際輿論來說，日本政府是頑固、基本教義的（fundamentalism）。**關於這個問題，特別是這幾年外交宣傳是有努力。但沖繩歸還以來，在釣魚台群島建設直升機機場或避難港、或由公務員常駐釣魚台群島實效的統治，連這樣主張的機會都失掉，則不要忘記。這樣的情形，我謂之「失去的40 年」，尤其是中國選擇帝國主義的海洋進出政策的現在狀況，

以為「問題以談話能夠解決」，若是日本政府以這樣「希望的觀測」作為政策決定的話，是完全無法理解的。

## 四、釣魚台的問題不可能解決？

從結果看來，釣魚台群島周圍在 40 年間，沒有真正的領土紛爭。但是今後是否會繼續是疑問。

首先的理由是中國的方針要以「力」來變更現狀。如同在南海建設人工島所看到的情形，中國完全蔑視國際輿論的方式追求這個方針，與周邊諸國發生軍事衝突勢為必然。另一個理由是中國藉「技」，企圖打破現狀的態度。中國的學者、政府以及軍方開始主張沖繩是中國的一部分。日本國內也有同樣的動作，主張「尖閣不是本國（譯者註：指日本）的領土」的沖繩出身的學者出席在中國的研討會（seminar）或學會，傾向沖繩獨立運動。結果是助長中國的意圖。

縣知事翁長雄志發表他的構想，不要有美軍與自衛隊的基地，以沖繩作為「和平的緩衝地帶」；本來以一個縣知事應該表示「尖閣是沖繩的一部分」，但不這樣說是問題。作為普世價值的「和平」當然是重要，但中國所謂「和平」究竟是怎麼一回事；問問西藏、香港與維吾爾人追求和平與平等，就知道是怎麼一回事。中國不是民主主義，不尊重基本人權，不基於法治，是沒有

言論自由的國家，要這樣的國家依照已形成的世界規範扮演有建設性的角色是不可能的。

對於釣魚台諸島與南海問題，要依照中國所主張的「和平的」解決，無異於承認他們無法無天的國策。**中國是以「零和遊戲」思考的國家**，若不是自己全拿，便會認為對方勝利、自己損失。那樣的國家不能成為在國際社會有責任的國家。這是主張釣魚台群島「共同開發」作為解決策略的國內外許多人的盲點。當然，在科學上、技術上、經濟上自日本開始對國際社會有利而能夠合作是好的；但是對於危及本國國家主權，難免喪失領土的問題，還是要深加注意和避免。

釣魚台群島在安全保障上是極為重要的島嶼。沖繩本島以及其周邊是有助於亞洲太平洋地域的和平與安定的基地、以及維護日本安全的自衛隊基地；一旦失去釣魚台，這些基地和防衛體制就非常危險。如果失去釣魚台群島，現在釣魚台群島及其周邊海域所擔當的緩衝地帶（buffer zone）的任務角色，就不能不由石垣島與宮古島等南西諸島之各島來擔任，其結果南西諸島難免成為中立化。（縣知事翁長雄志所渴望的「沖繩作為和平的緩衝地帶」很諷刺的以這種形式出現。）假如由南西群島中立化看出日本衰弱的話，擁有北方領土問題的俄羅斯也會在軍事上、外交上對日本施加壓力。跟在別人屁股後而為了竹島問題與中國急速接

近的韓國，說不定也會乘機施加壓力。總之，日本為釣魚台群島而妥協的話，就會有種種這些外交上的問題發生之可能性。

## 五、中俄海軍出現釣魚台海域

本稿執筆中，6 月 8 日午後 9 時 50 分之際，俄國三艘海軍艦艇出現在釣魚台諸島的久場島與大正島南，9 日午前 0 時 50 分時中國海軍的護衛艦接連侵入久場島東北的接續水域。兩國的艦艇在 9 日過了午前 3 時，相繼由大正島北邊向北方離去。和釣魚台群島一樣，中國的橫暴繼續出現在越南的金蘭灣朝向西沙群島與南沙群島，正好是日本護衛艦「瀨戶霧號」（せとぎり）停泊在這裡，這是日本艦艇首次在這裡停泊而確認中國軍艦入侵，未免感到是什麼因緣。

但是有關中國一連串的動作，不是什麼因緣也不是偶然，而是必然的。我對日本保安廳配備 12 艘巡邏船之態勢作為釣魚台專屬部隊，曾經給予很高的評價，但是連日出現在釣魚台海域的中國海警局的「公船」提升到對空、對船、對潛能力的「戰鬥船」，對於日本有那樣的配備還是不夠。今後中國要侵入的「物」之種類、數目或是入侵的回數，會提升到日本現在的態勢所不能支撐的水準，因此對釣魚台的「賭注」有調高的可能性。**在混亂的「賭場」他們所覬覦的，是在這海域「不幸而偶發的事故發生」**。說不定就像冷戰期間美蘇深深經驗的船艦或飛機接觸事故，或是使用武器暴發事故、雷達照射等方式。

不只是海上，釣魚台群島的上空中國也伸手過來。**在平成 26 年（2014）日本航空自衛隊緊急升空達 943 次。**從航空自衛隊對領空侵犯開始採取措施以來的 57 年間，這一年是最多的，由負責東海的南西航空混成團升空攔截佔一半的次數。該部隊是使用官民共用的那霸機場。客機起飛前被引導到航道的行列的樣子，從機場大樓或機場南端對面的公園就可以看到。如果我隨便的話，看到混雜的情形而軍機不能緊急升空，在那時刻則告訴中國方面也是可能的。

為了改善這種狀況，有兩個提案：

1、 是那霸基地的自衛隊作戰機部署在離釣魚台較近的下地島機場（沖繩縣宮古島市）。這機場本來是國內航空公司用來訓練起降的機場，跑道有 3,000 公尺，但為了防空與迎擊戰與時間競賽，由較近「現場」的地方起飛是絕對必要的。

2、 部署在嘉手納基地的美軍航空兵力與日本應共同分擔任務。

今後在沖繩周邊的空域緊急起飛的情形會增加是可以預測的，日美兩軍在作戰行動上展現容易協調，是對釣魚台問題的立場發出更明確而堅定的信息。

## 六、 grand bargain[4]

業已失去的時間無法挽回，但日本應努力使國際上確定認識「釣魚台諸島是日本的領土」。要使問題解決是要與釣魚台關係的四個國家，即日美中台合作的必要，但要中國合作是不可能的，因此要有覺悟面對。我對日美台三國建議對戰後東亞的重大問題做個總決算：grand bargain（大交易）。

首先關於美國，要對日本擁有釣魚台群島的主權公開承認，說服台灣。台灣接受新方針，但要承認台灣是國家。**以台灣來說，承認日本有釣魚台群島的權利，代價是日本也要承認台灣是國家。**

**日、美兩國承認台灣是國家，不僅能解決釣魚台群島問題，也有可能強化在第一列島（島鏈）線上諸國的合作。**這不是為了攻擊，而是為了維護地域和平與安全的合作。這項合作，說不定將來能達到過去亞洲從來沒有過的安全保障機構發揮功能。**日、美、台安全保障之強化，成為全亞洲出現的新抑制力。**

原本已有 20 年以上以民主主義國家政權運作之台灣，不被承認是「國家」之現有狀況來說，是不自然的。有關這一點，日本的保守、媒體甚至論壇人含混其詞是不可思議的。台灣與日本

---

4 譯者按：grand bargain 構想為實現北韓的非核化，韓國大統領李明博在 2009 年提出的妥協案。北韓如果放棄核武，將予以體制的保證與經濟支援。（參考《大辭泉》）

有非常近的關係，以現在的情形對中國都有不信任感。日、台之間要有緊密的紐帶是當然的。如前述提到沖之鳥島的案件一樣，台灣的立場還有變化的可能性甚高。前總統李登輝強力支持日本的立場，會見時對中國進出海洋表示極為憂心，強調「尖閣，無疑是日本的一部分」。

新的蔡政權對日台關係擬柔軟的應對。沒有比這更好的機會。日本要更改採取現實的「行動政策」之時期已經是來到了。

（本文撰寫於 2016 年 9 月 9 日；刊載於《民報》電子報，2016 年 10 月 7 日。另載於《台灣安保通訊》，第 39 期，2016 年 11 月 30 日。）

# 從專守防衛到先制攻擊──

# 「非先制攻擊的反擊力」之建設性概念

## （一）一種防衛的概念

每次讀到日本人的論著提到面臨侵略的時候，都會有「專守防衛」的字句，不僅感到愕然，又見美國出售台灣投射武器或飛行器時都有距離限制。奇怪的是：大國侵略小國可以沒有限制，而且可以擁有核武。《孫子・虛實篇》說：「故善戰者，致人而不致於人」，這一句話可以有多種解釋，譬如不用武力，「不戰而屈人之兵」（《孫子・謀攻篇》），也可以是面臨武力侵略時「先制攻擊」。台灣與日本這兩個國家有這樣莫名其妙，各有其坎坷的歷史背景。

## （二）日本的舶來「和平憲法」

日本的情形關係日本的所謂和平憲法。第二次世界大戰結束，日本亡國，由聯軍占領，聽命於麥克阿瑟所統御的聯合國最高司令官總司令部（General Headquarters, 簡稱 GHQ）。日本的制憲先是由幣原內閣依明治憲法（即《大日本國憲法》）多少修

改，但被 GHQ 拒絕，遂由 GHQ 制憲，經由日本文化人修飾，還經帝國議會審議通過，1947 年 5 月 3 日實施，就是目前仍奉行的《日本國憲法》。

該憲法被美譽為和平憲法，宣示和平主義、放棄戰爭，不得由政府的行為再度發生戰爭的慘禍，因此不得持有陸海空軍及其他武力，並且否定凡是作為一個國家應有的「交戰權」（戰爭權）。雖然 1952 年 4 月 28 日《舊金山和約》生效，日本恢復國家應有的「主權」，但該憲法依然存在到今天，仍然放棄「交戰權」。該憲法和台灣持有的《中華民國憲法》一樣是「舶來貨」，由外人制定。兩國同樣喊修憲或制憲已經數十年，祇見國人輿情分裂使敵人有可乘之機。但日本比台灣略勝一籌的是有美國的支持，雖半「昧於現實」，但「轉彎抹角」也應付了將近 60 年。

## （三）面對現實，轉彎抹角

在《舊金山和約》而得以恢復國家主權的前兩年，即 1950 年韓戰爆發，為了日本的安全，受 GHQ 的命令成立「警察預備隊」。1952 年，警察預備隊改編作「保安隊」，與「海上警備隊」隸屬「保安廳」。

1954 年由保安廳改制，作「防衛廳」，設有陸上自衛隊、海上自衛隊與航空自衛隊。2007 年（平成 19 年）該廳改組作「防衛省」（Ministry of Defense, 簡稱 MOD），長官稱作防衛大臣。

從 1950 年韓戰爆發以來，不論如何改制，自始至終都受其憲法之限制而不能有一般國家擁有國軍之名，故三軍都冠以「自衛隊」的稱呼。憲法之所謂「和平主義」，否定暴力與軍事力；任何情況發生時，日本政府都要靠會議、協調方式去對應，放棄戰爭。

但實際上面臨的國際上險峻環境，過去依賴美日同盟，也對美國支付昂貴的「保護費」（包括美軍在日本領土的基地之費用等等），而且因為沒有核武，只能靠美國的「核保護傘」（「核の傘」）。日本從東北到西邊，有俄國、朝鮮與中國之三個國家的核武威脅。在現實的國際社會裡，沒有核武，在外交上沒有後盾，自然成為二等國家。將來或許日本得用核武來武裝自己，以應付周邊的野蠻國家。

話說回來，日本受憲法之約束，如上文指出的只能以警察力之名逐步改制而以不同名稱出現，最後三軍定以自衛隊之名，而其禦武遂標榜「專守防衛」，從兵法上來說是不可思議的名詞，但習慣成自然，也深植於國民腦中。不客氣的說，由於「洗腦」的成功，使國民的意志分裂而經常成為霸權國家中國操弄的對象；這幾年日本領海、領空受中國之入侵，已無寧日，卻又怕國民洞悉全部的真相，未免太阿 Q。

但素來「專守防衛」的內涵，在目前的局勢下能不能應付侵略？尤其是美國自東北亞到東南亞已無十足力量維持均衡，東南

亞的某些國家開始轉向傾中,民主自由的國家更受到威脅。美國
勢必要日本多擔負亞洲安全的責任,對台灣不願以台灣之名尊其
為國家,使台灣的中國潛在勢力抬頭,擾亂台灣本身的安全保障
之外,也破壞了民主陣營的共同防衛架構,這將使美國失去更
多,必然會從亞洲萎縮而後退。

話說回來,「專守防衛」的問題在當下也迫使日本專家在目
前軍事戰爭的改變下,不得不重新思考其定義,而與美國各界取
得共識,對台灣本身的防衛也是不能不思考的課題。

## (四)美日「防禦指針」因應時局在調整

今年(2017)8月在日本月刊中有一篇文章討論「從專守防
衛到先制攻擊」,[1]討論者是三位眾議院議員,即中谷元、小野寺
五典、長島昭久;前兩位是前防衛大臣,後者是前防衛副大臣。
三位都是防衛問題的專家,都與美國當政者、智庫有充分的意見
溝通,故其文章應受重視。

首先在介紹「反擊力」之前,應留意其前提(背景)的改變。
在兩年前有「和平安全法制」的成立,故美日的「防禦指針」修
正;對於美艦的護衛以及日本人的救難,在執行時有更寬闊的範
圍。對於存在危機事態與重要影響事態在法律上已經完備,故日

---

[1] 參考〈專守防衛から先制攻擊へ〉,《Will》(2017.8)。文中除了討論本文重點
「非先制攻擊的反擊力」之外,也討論川普政權、朝鮮半島局勢、中國在南
海、以及美國在南海的「航行的自由作戰」已開始的問題。

本所擔當的任務，應該可以對付周邊安全保障的環境變化。以上是中谷元的論述，應看作調整「反擊力」的前提。

## （五）建設性的「非先制攻擊的反擊力」概念

最近北韓窮兵黷武，彈道飛彈的防衛成為重要課題。但是日本「專守防衛」的政策，使自衛隊的裝備也是循此規定，就是在防衛裝備上不能達到對方的領土為自衛隊的基本方針。

但是軍事攻擊的情況目前大大的改變。已經不是以前飛機飛來轟炸、戰艦接近的砲擊，而是從對方的領土直接發射彈道飛彈成為最大的威脅。

為了加以防禦，將飛來的飛彈擊落之「飛彈防禦」（missile defense）最是重要。對此，日美有共同的對策。

但是要將飛來的飛彈擊落要有非常高的技術。也會有多彈頭飛來必須加以擊落的情形。若是如此，使對方的飛彈在發射前「無力化」是最確實的。要能如此，就是要有達到對方領土的裝備。小野寺五典對此稱之為「非先制攻擊的反擊力」。

小野寺氏關心的是國際上對日本的「非先制攻擊的反擊力」之反應。他觀察日本周邊國家以及美國的輿論、美國國務院與國防部、甚至美國重要智庫「戰略國際問題研究所」（CSIS）也都持肯定的態度，大多認為此是大勢所趨。這對美日同盟而日本有

更大的「反擊力」，對美國是有益的。

## （六）結語

　　台灣沒有敵人。但第二次大戰後，中國國民黨的殖民統治及其後在中國大陸的內戰敗退，使台灣沾上「中國分裂國家」的角色，也因此使中華人民共和國有侵略台灣的藉口。侵略被美化成國家的「統一」。「統一」的口號自蔣介石要「反攻大陸」到目前中國霸權之企圖掠奪，被宣傳成「正當性」而侵蝕台灣意識與台灣價值。威脅台灣的國家安全。

　　台灣是海島國家，本有海洋天險之助。但自 1996 年第三次台灣危機，中國「不戰而敗」以來的 20 年間，中國「強軍」政策，[2] 各型飛彈的進步確實危及台灣國家安全，在有識者誠摯的指出「台灣人的危機意識不夠強烈」[3] 的今日，台灣軍民應心理建設，建設「非先制攻擊的反擊力」概念以自強。

---

[2] 三次台海危機以及中國擴武之內容，參考長島昭久在今年（2017）9 月 16 日來台北參加台灣安保協會主辦的「亞太區域新的不確定時代與台灣」國際研討會，在該會發表的〈アジア太平洋地域の安全保障との日本の新しい役割〉一文。主辦單位將該題譯作〈亞太區域安全保障與日本〉。

[3] 台灣人危機意識問題，參考上舉台灣安保協會主辦的國際研討會上，司徒文（William A. Stanton）所發表的論文〈川普政府的亞洲安全戰略─不連貫的政策與不確定的未來〉。大會手冊，英、漢文俱載。英文中有：

I said "I also worry a great deal about Taiwan. I worry because I sometimes think the Taiwanese people do not worry enough." that concern mine remains to this day.

司徒文，既任國立台灣大學國際學院教授。

（本文撰寫於 2017 年 10 月 8 日；刊載於《民報》電子報，2017 年 11 月 9 日。）

# 現在已經不是「美中對立」的問題，
# 而是「海洋同盟」VS「中國」的問題

## （一）

奧山真司是日本的戰略學者，他曾經翻譯世界有名的戰略專書成日文之外，也經常訪問地緣政治學的專家，此次他訪問美國戰略國際問題研究所上級顧問陸瓦克（暫譯，原名 Edward N.Luttwak），刊載《文藝春秋》2020 年 10 月號，題做〈「新冷戰」美海洋同盟 vs 中國──勝利的條件〉，內容包括海洋同盟、中國對武漢肺災政治介入封鎖的失敗，香港問題的本質、欠缺團隊的中國、美國黑人問題以及日本必要增加防衛費等問題。筆者僅就海洋同盟問題摘取介紹如下。

## （二）

### 問題不是停滯在「美中對立」

如今許多專家、媒體、記者論「地緣政治學上最大的問題是『美中對立』」，這樣的看法本身是錯誤的。

「美國與中國的對立」已經是過去的話題。現在進行的是「（美國主導的）海洋同盟對中國之戰爭」，美國沒有站在與中國對立的最前線，而是退後一步。

從最近國際所的報導就能立即瞭解。與其說是「美中之戰」，從「海洋同盟諸國與中國之戰」的關聯是間接二連三的發生，就可以知道已經不是單純的美中問題。

## 澳洲帶頭促成「反中國包圍網」

從外交方面來說，與中國的戰爭站在最前線領導的是澳洲。事情的發端是新型的武漢肺炎與中國的對應態度，澳洲提案應設立國際的獨立調查委員會調查病源的發生。對此，中國強力的反彈，對澳洲產的大麥提高到 80.5%的關稅，並且要人民避免到澳洲，包括留學與旅行在內。

對澳洲來說，中國是佔澳洲輸出的三分之一的最大貿易對象國家。這時北京政府表示：「難道不知道在經濟上有多少程度要依靠中國！」對澳洲施加壓力。但是首都（Canberra）的領導們並不屈服。結果是澳洲擬將中國排出 WHO 之外，為印度成為聯合國安全理事會常任理事國而展開遊說活動；澳洲開始帶頭成立「反中國包圍網」。不容忽略的是中國本身強硬姿勢招致這樣的結果。

## 「海洋同盟 VS 中國」

接著看中國對東南亞區域的霸凌。今年（2020）4 月上旬，中國海警船在南海的西沙諸島附近撞沉越南漁船。

在南沙諸島也與菲律賓真正的對立。

4 月中旬，北京政府突然將兩區諸島編入行政區：將西沙諸島編入「海南省三沙市」的「西沙區」；將南海諸島編入該市的「南沙區」；獨自蠻幹，而這些區並不是能用船渡的「島」，但當作市街處理。

對此行為，越南一步也不退讓，支持越南的有美國、印度；日本的軍艦也停泊在越南港口。越南的潛艦是俄國製的。

經以上的情況看來，已經不是「中國 vs 美國」而是「中國 vs 中國的周邊國」的結構。在這情形下，再加上澳洲、印度、日本的「海洋同盟」等等國家，美國的支持，只不過美國是從後方加以支援。

## 中國對印度的挑釁

最近中國與印度國境製造紛爭，提高緊張。衝突的舞台是在印度西北部的 Ladakh 地區，是鄰接西藏的地域。中國方面越過境界線侵入印度；6 月 15 日發生兩軍衝突事件。此次紛爭造成人

員死亡，是自 1975 年以來約經過 45 年發生的事情。中國人民解放軍大約 250 人埋伏突襲在國境警備的 50 名印度士兵。

中國對印度的衝突是印度將道路延長到國境的紛爭地域，附近建設飛機跑道，印度對中防備是認真的。在這係爭之地，因標高是 5,000 公尺的高地，只能以小型的直升機運送補給物資。但是現在因跑道的關係，美製的巨大運輸機「C-17」也能起降，印度軍的物資供給量增加到 500 倍。

美國通常不賣「C-17」給其他國家，但賣給印度。這證明美國與印度已建立實質的「同盟關係」。印度的「P-8I Neptune（海王星）」的空中偵察機也是從美國購入的。印度與美國之間雖然沒有正式簽訂條約成為同盟國，但美國就用這種方式支援印度。

## 美中經貿問題的份量

接著陸瓦克說，在經濟上、貿易上確實有「美中關係」存在。但是「戰略」在世界上的存在不是「美中對立」，而是「海洋同盟與中國的對立」。中國如果合計自日本到印度的廣大周邊勢力為其敵對勢力的話，人口比中國多，經濟規模也比較大，科學技術也比較進步，合起來構築「海洋同盟」，盡其任務。

以上是陸瓦克對「海洋同盟」之形成所做之說明。實際上同盟是受中國在各領域之霸狼行為之「挑戰」所做出的「反應」。

使人想起歷史哲學家陶尹皮（Arnold Toynbee）的挑戰與反應的理論。總之，中國愚昧的霸狼行為促成「對中包圍網」。

## （三）

以上是有關「海洋同盟」的問題，但現在的進行式是美國在主導推展。陸瓦克在論其他事情時提示「有關中國的一個真理」。他說俄羅斯「在大局上的戰略是高手，除此之外都差勁」；但中國卻相反，中國「在戰略之外的都高手，但對大局的戰略都是差勁」。現在的中國是「對所有的敵人同時發動攻擊」的「戰略」，究竟會失敗。他又說，現在中國的版圖都沿襲滿州人所建立的清朝時代的版圖，滿州人熟知運營帝國的「戰略」；但習近平的戰略完全失敗。陸瓦克沒有說明清帝國是如何運作的，因篇幅的考慮，請參考筆者之〈中華民族論的演變〉（收在《中國現狀與歷史問題》，稻鄉出版社出版）。滿州人劃定多元的行政區，因地而治；習近平則推行「漢化政策」，滅其種，滅其文明，以淺陋的知識治國。中國人在其偉大的「中國夢」、「中華民族的復興」的口號下，如掉入泥沼中，將會漸漸的淪亡。

《中國現狀與歷史問題》（台北：稻鄉出版社，2020）

# 【補述】關於印度邊境中、印衝突事件

戰略家陸瓦克（Edward N.Luttwak）在今年的 2021 年 7 月 20 日出版《最後的皇帝—習近平》（原文《ラストエンペラー—習近平》），由戰略家奧山真司譯成日文，文藝春秋株式會社發行。該書的內容寫到今年 4 月上旬，對台灣的軍事、外交戰略、小國對抗大國的同盟問題涉獵特別多，幾乎是為台灣防衛寫的教科書。

話說回來，對於筆者在前文敘述中、印衝突事件，在該書第 43 頁有同樣的記載。

該書又指出中國對全球散播武漢肺炎，同時又發動「多發性衝突」與「全方位強硬路線」（參考第 36~41 頁）在第 37 頁敘述中國與瑞典發生衝突後，接著又提到中、印衝突事件，內容比上述更具體：

> 又於 2020 年 6 月，與印度之間發生領土爭奪，地點是接近喜馬拉雅山的 Ladakh 地區；也是 1962 年國境紛爭時的紛爭之地。此次紛爭有死人，是自 1975 年以來經過 45 年首見的。此次事件是約有 250 名的中國人民解放軍的士兵侵入印度實效統治境內，國境警備的印度 50 名士兵受到襲擊，20 人被殺。

此敘述比我們在台灣電視所看到的報導清楚。接著作者敘述印度

政府採取的強硬措施：

> 印度政府對這事件立即表明停止中國企業投資鐵道與公
> 路的案件，並宣言對中國輸入品課以高關稅。更對 TikTok
> 等中國製的 200 以上的應用軟體（application）禁止使用，
> 並要求手機的各社與華為技術、中興通訊（ZTE）停止交
> 易。結果是強奪只一平方公里的領土所得的回報，換來製
> 造應用軟體的中國企業，在 24 小時內股價失掉 70 億美元
> 的價值。

作者感到有趣的是北京方面的反應，印度的措施使他們感到意
外，以為「領土的爭端，與企業是另一回事」。作者有趣的敘述，
予以省略，不過也指出北京的觀感，以為金錢的力量可以制伏別
人：此是對戰略完全錯誤的想法，「戰略（安全保障）優先於經
濟」。即使雙方有更強的經濟上之結合，國家的安全勝過一切。
換言之，即使對手最大的貿易對手國，在戰略上對立嚴重的話，
也會開啟戰爭。作者這一番話，適用於警告在台灣國內「一味傾
中」者。

話說回來，以上談印、中情形，但作者也舉出對中妥協的國
家，更受中國「軟土深掘」而不能自拔，即昧於國際形勢，忽略
中國「全方位強硬路線」之戰略。

（本文撰寫於 2020 年 10 月 13 日；刊載於《民報》電子報，2020
年 10 月 13 日。）

# 美中關係惡化的關鍵因素

　　川普就任總統之後重視與習近平對話，到去年（2019）4 月仍舊表示要與習近平會談，但什麼關鍵因素使川普採積極對付中國政策；另一方面，中國是基於什麼「認知」美國，而採取對美國的不擇手段。對於後者，台灣媒體的討論也很少提及。首先介紹川普對中國採取強硬手段的原因。

## 中國的背信毀約，喚醒美國

　　2019 年 5 月 3 日川普總統接到中國國家主席習近平寄來厚達 150 頁的外交文書，該文書是持續一年雙方協議達成的貿易協定，中國卻單方面大幅的加以變更。習近平竟然沒有一句話給對方事先通知，將大加改訂的文書就這樣送給華府而沒有感到羞愧。

　　該文書的內容是過去一連串的美中協議，因中國屢屢違反國際協議，故設立監督機制與違反罰則，其內容是以「外交文書」呈現。

習近平將內容全面加以否定，所持的理由是：與美國所制定的，是要中國共產黨與全國人民代表會議同意，若要實施需要變更國內法，但要制定那樣的法律是不可能的。

美中兩國之間所成立的協定，是經過協商的結果，但單方面破棄是完全無視於國際社會的法則，但這種事情，現實竟然發生！但對習近平的行動並不感到驚奇；中國一向是打破國際社會的常識，推動經濟外交。

以上是根據美國哈德遜（Hudson）研究所首席研究員日高義樹的文章〈中國不可能成為大英帝國〉（暫譯，刊載日文月刊《Voice》，2019 年 7 月號）

日高氏所論的甚是，英中對香港的協定，「一國兩制」維持50 年不變，但未經過一半的年數已經棄如敝屣。這就是「霸狼國家」的揚威！總之，中國毀約，成為美國對中國積極對抗的「關鍵」的一個因素。

以上是川普積極對付中國的原因。再加上武漢肺炎，中國自己「封城」卻讓中國人遊走全世界散佈病毒，尤其對美國；若不是有「生化戰」的構想，怎麼會在短時間內擴散到廣大的美國全土，使川普不得不在 2020 年 3 月 13 日發布「全國非常事態宣言」，川普甚至為疫情，在 5 月 14 日說出與中國斷絕（cut off）的字眼。讀者可以參考日文月刊《正論》2020 年 7 月號的〈非常

事態與國家〉專輯所刊載的古森義久的文章。古森現任麗澤大學
特別教授、產經新聞華盛頓駐在客員特派員。

## 「美國衰退論」與中國的自負

其次，關於中國對美國的「認知」。自第二次大戰後，有很
多時段盛行「美國衰退論」的論述。最熱心論述的是中國的王滬
寧。王滬寧任職政治局常務委員，為江澤民、胡錦濤與習近平三
代的國家主席之參謀。根據地緣政治學的船橋洋一的說法，王寫
有《美國反對美國》（1991 年），是將特威爾的《美國的民主》
一書，將其正面改取其負面的現象的著作。王將川普暴露對美國
粗暴言論作為美國衰退論的實證。中國認為現在「美國強權下的
和平（Pax Americana）」是由三大支柱來支撐，即聯合國、軍事
同盟與價值觀。但川普表示要退出聯合國（或意向表明），對同
盟關係緊張、被民粹政治蒙罩的民主主義國家陷於混亂，以上三
項不管是哪一項都無法阻止「美國衰退的加速化」。

加上新型的武漢肺炎的危機，美國呈現的慘狀與對應的失
敗，使美國衰退論也滲透到一般市民。

中國對美國所懼怕的是美國的軍事力與美金的支配力；對於
象徵前者的軍事力是航空母艦與 F 35 的軍備，但中國開發彈道飛
彈與配備成為對「航母的殺手」與「關島的殺手」。至於後者美

金的支配與金融制裁，可以用數位（digital）人民幣與通貨跳蛙戰略對付，使美國轉落到大衰退。

但是論者以為中國認為美國衰退是「歷史的必然」之看法是危險的。確信美國會衰退，中國採取攻勢，美國勉強應付轉為守勢，這樣的計算，恐誘惑中國「先下手為強」。

另一方，認為美國必然衰退，美國為維持現在比較優勢的戰略地位，迫使對中國反擊以保持優位也是可能的。

論者以為現在美國針對自己的種種問題，會花一世代的時間遂行其計畫，如同甘迺迪總統所說的沒有比持有國力更能發揮外交力量。

總之，中國對美國衰退論恐導致誤算的危險，目前顯出的中國要走出第一島鏈，還規劃進到第二島鏈、第三島鏈，並想經渤海、黃海、東海、台灣海峽一直控制到南海，掠奪台灣作為其控制太平洋的前進基地，如筆者在《中國現狀與歷史問題》（稻鄉出版社）所刊載的中國「鐵血圖鑑」將南緯 35 度以北、東京 165 度以西納入其領土或勢力範圍，其「窮兵黷武」是歷史上從未見到的霸狼國家，但國內有「傾中」的政客願為其小丑跳梁，真不可思議。

總之，中國之窮兵黷武、跋扈囂張，恐出於以上「假設」的「理論」故誤判國際形勢。（又，上文提到的船橋洋一著〈新世

界地政學〉，請參考 2020 年 12 月出版的《文藝春秋》。謹此向讀者做個交代。）

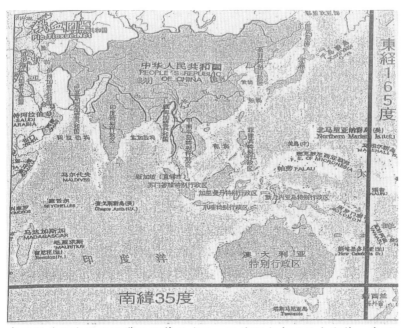

中國對美國衰退論恐導致誤算的危險，目前顯出中國要走出第一島鏈，並想經渤海、黃海、東海、台灣海峽一直控制到南海，掠奪台灣作為其控制太平洋的前進基地。中國的「鐵血圖鑑」將南緯 35 度以北、東京 165 度以西納入其領土勢力範圍。圖／作者提供

（刊載於《民報》電子報，2020 年 12 月 10 日。另刊載於《民誌》，2021 年 1 月號）

國家圖書館出版品預行編目(CIP)資料

```
台灣的灰色年代 / 鄭欽仁著. ‐ 初版. ‐ 新北市 : 稻鄉
    出版社, 2022.01
面 ; 公分
ISBN  978-986-06683-7-7 (平裝)
1.CST: 言論集  2.CST: 時事評論
078                                    110022483
```

## 台灣的灰色年代

作　　者　鄭欽仁
出　　版　稻鄉出版社
　　　　　新北市板橋區漢生東路 53 巷 28 號
　　　　　電話：(02) 22566844、22514894
　　　　　傳真：(02) 22564690
　　　　　郵撥帳號：12040481
　　　　　登記號：局版台業字第四一四九號
印　　刷　絃億印刷有限公司
初　　版　2022 年 1 月
定　　價　350 元
Ｉ Ｓ Ｂ Ｎ　978-986-06683-7-7